U0945909

服务业清洁生产培训系列教材

商业零售行业
清洁生产培训教材

于承迎　薛鹏丽　孙晓峰　等编著

化学工业出版社
·北京·

本书共分8章，在简要介绍清洁生产的概念及我国清洁生产实践的基础上，阐述了服务业清洁生产现状及发展趋势、商业零售行业概况及特点、商业零售行业清洁生产审核方法、商业零售行业评价指标体系及评价方法、商业零售行业清洁生产先进管理经验和技术、商业零售行业清洁生产典型案例、商业零售行业清洁生产组织模式和促进机制。书后还附有行业政策类和技术类文件，便于读者查阅。

本书旨在促进商业零售行业清洁生产工作，提升行业技术水平和管理水平，推动审核单位、咨询服务机构及管理者从不同角度推进清洁生产相关工作，具有较强的知识性和针对性，可供从事清洁生产的技术人员和管理人员参考，也可供高等学校环境科学与工程、生态工程及相关专业师生参阅。

图书在版编目（CIP）数据

商业零售行业清洁生产培训教材/于承迎等编著. —北京：化学工业出版社，2019.9
服务业清洁生产培训系列教材
ISBN 978-7-122-34727-5

Ⅰ.①商… Ⅱ.①于… Ⅲ.①零售业-无污染技术-生产管理-技术培训-教材 Ⅳ.①F713.32②X38

中国版本图书馆CIP数据核字（2019）第122809号

责任编辑：刘　婧　刘兴春　　文字编辑：汲永臻
责任校对：张雨彤　　装帧设计：韩　飞

出版发行：化学工业出版社（北京市东城区青年湖南街13号　邮政编码100011）
印　　装：三河市延风印装有限公司
710mm×1000mm　1/16　印张11½　字数179千字　2019年11月北京第1版第1次印刷

购书咨询：010-64518888　　售后服务：010-64518899
网　　址：http://www.cip.com.cn
凡购买本书，如有缺损质量问题，本社销售中心负责调换。

定　　价：68.00元

版权所有　违者必究

《商业零售行业清洁生产培训教材》
编著人员名单

编著者（排名不分先后）:

于承迎　薛鹏丽　孙晓峰　王　璠
刘　铮　李子秀　李晓丹　李　旭
李　靖　李忠武　陈　征

前言

FOREWORD

清洁生产，其核心思想是将整体预防的环境战略持续运用于生产过程、产品和服务中，以提高生态效率，并减少对人类和环境的威胁，实现节能、降耗、减污、增效的目的。清洁生产代表了环境保护思路从“末端治理”转为“源头控制”，环境保护战略由“被动反应”转变为“主动行动”。

自20世纪70年代起，国际社会开始推行清洁生产，将其视为实现人类社会可持续发展的重要方式。目前欧盟部分国家、美国、加拿大、日本和中国均在推行清洁生产机制。我国清洁生产工作历经20余年发展，已基本上形成了一套比较完善的清洁生产政策法规体系。目前全国已建立了20多个省级清洁生产中心，清洁生产成为国家深入推进节能减排工作、促进产业升级、实现经济社会可持续发展的重要途径。

北京市自1993年起积极推行清洁生产，结合经济社会发展特点及节能环保工作要求，通过开展清洁生产审核评估、推广清洁生产项目，在全市产业结构优化调整、技术升级改造、节能减排、治理空气污染等方面发挥了重要作用。2012年，国家发改委、财政部批准北京市为全国第一个服务业清洁生产试点城市。北京市选取能耗、水耗、污染物排放较高的医疗机构、高等院校、住宿餐饮、商业零售、洗衣、沐浴、商务楼宇、交通运输、汽车维修及拆解、环境及公共设施管理10个重点领域作为试点，探索开展服务业清洁生产工作。经过5年多的探索实践，北京市建立了服务业清洁生产推广模式，制定了服务业10个重点领域清洁生产评价指标体系，推广了一批服务业清洁生产示范项目，取得了较好的环境效益和经济效益，为实现服务业绿色发展提供了技术支撑和参考依据。“服务业清洁生产培训系列教材”就是在系统总结北京市服务业清洁生产工作经验基础上编著的，共包括10个分册，分别针对服务业10个重点领域阐述了清洁生产审核方法、先进管理经验和技术等内容，填补了服务业清洁生产相关图书空白。

北京作为国际化大都市，吸引了全球90%以上的一线品牌在京设立专卖店。目前北京零售行业国际化程度居全国首位，同时还超过了日本东京，位列世界十大零售城市的第六位。北京商业的国际化、现代化水平在稳步提升，已经具备了成为世界级购物城市的条件。在北京商业零售行业快速发展的同时，环境保护问题也逐渐凸显，冷链系统、空调系统等节能环保设备使用率低，环境管理水平还有待提高，资源能源消耗量较高等诸多问题制约了行业的健康持续发展。

近年来，国家和地方加强了商业零售行业的节能环保发展指导，先后出台了《商业服务业节能改造指导目录》《公共生活取水定额　第8部分：商场》《商场、超市能源消耗限额》《冷库设计规范》等一系列政策、法规和标准。在国家环境保护法律法规、政策标准的引导下，一些商场、超市积极推行清洁生产，行业技术水平和管理水平得以快速提升，为整个行业树立了标杆榜样。

本书由长期工作在清洁生产一线的专业技术人员、管理人员及节能环保专家共同完成。在本书编著过程中，部分商业零售企业、清洁生产咨询机构为本书提供了大量数据、图片和资料；在成稿过程中得到了国家清洁生产中心王璠、刘铮、李子秀，以及中国商业联合会韩秀伟等的大力支持。此外，在本书的编著过程中，还得到了北京节能环保中心李晓丹、李旭、李靖、李忠武、陈征等的积极配合，在此一并表示诚挚的谢意。

限于编著者水平和编著时间，书中不足和疏漏之处在所难免，敬请读者批评指正。

编著者

2019年6月

目录 CONTENTS

第1章 清洁生产概述

1.1 清洁生产的起源

清洁生产（cleaner production）是一种为节约资源和保护环境而采取的综合预防战略，是在回顾和总结工业化实践的基础上提出的，是社会经济发展和环境保护对策演变到一定阶段的必然结果。清洁生产是人们思想和观念的一种转变，是环境保护战略由被动反应向主动行动的一种转变。它综合考虑了生产和消费过程的环境风险、资源和环境容量、成本和经济效益。与以往不同的是，清洁生产突破了过去以末端治理为主的环境保护对策的局限，将污染预防纳入产品设计、生产过程和所提供的服务之中，是实现经济与环境协调发展的重要手段。

工业化初期，由于对自然资源与能源的合理利用缺乏认识，对工业污染控制技术缺乏了解，采用粗放型的生产方式，片面追求经济的快速跃进，造成自然资源与能源的巨大浪费。部分工业废气、废水和废渣主要靠自然环境的自身稀释和自净能力进行排放，对污染物排放的数量和毒性未加处理，常常只是污染物在不同环境介质中转移，加重环境污染和社会负担。自此人们开始思考在污染产生的源头减少废物产生量的办法来解决环境污染问题。

清洁生产概念最早可追溯到1976年。当年欧洲共同体（欧共体，现欧盟）在巴黎举行“无废工艺和无废生产国际研讨会”，会上提出“消除造成污染的根源”的思想；1979年4月欧共体理事会宣布推行清洁生产政策；1984年、1985年、1987年欧共体环境事务委员会三次拨款支持建立清洁生产示范工程。

进入 20 世纪 80 年代以后，随着工业的发展，全球性的环境污染和生态破坏越来越严重，能源和资源的短缺也日益困扰着人们。在经历了几十年的末端处理之后，美国等发达国家重新审视环境保护历程，虽然大气污染控制、水污染控制以及固体和有害废物处置方面均已取得显著进展，空气、水环境质量等取得明显改善，但全球气候变暖、臭氧层破坏等环境问题仍令人望而生畏。人们认识到，仅依靠实施污染治理所能实现的环境改善是有限的，关心产品和生产过程对环境的影响，依靠改进生产工艺和加强管理等措施来消除污染可能更为有效。

1989 年 5 月联合国环境规划署工业与环境规划活动中心（UNEP IE/PAC）根据 UNEP 理事会会议的决议，制定了《清洁生产计划》，在全球范围内推进清洁生产。该计划的主要内容之一为组建两类工作组：一类为制革、造纸、纺织、金属表面加工等行业清洁生产工作组；另一类为组建清洁生产政策及战略、数据网络、教育等业务工作组。该计划还强调要面向政界、工业界、学术界人士，提高清洁生产意识，教育公众，推进清洁生产的行动。1992 年 6 月，在巴西里约热内卢召开的联合国环境与发展大会上，通过了《21 世纪议程》，号召工业提高能效，更新替代对环境有害的产品和原料，推动实现工业可持续发展。

自 1990 年以来，联合国环境署已先后在坎特伯雷、巴黎、华沙、牛津、汉城（现首尔）、蒙特利尔举办了六次国际清洁生产高级研讨会。在 1998 年 10 月汉城第五次国际清洁生产高级研讨会上，出台了《国际清洁生产宣言》，包括 13 个国家的部长及其他高级代表和 9 位公司领导人在内的 64 位签署者共同签署了《国际清洁生产宣言》。《国际清洁生产宣言》的主要目的是提高公共部门和私有部门中关键决策者对清洁生产战略的理解，它也将激发对清洁生产咨询服务的更广泛的需求。《国际清洁生产宣言》是管理者对落实清洁生产的公开承诺。

20 世纪 90 年代初，经济合作与发展组织（OECD，以下简称“经合组织”）在许多国家采取不同措施鼓励采用清洁生产技术。例如在联邦德国，将 70％投资用于清洁工艺的工厂可以申请减税；在英国，税收优惠政策是导致风力发电增长的原因。自 1995 年以来，经合组织鼓励许多国家的政府开始把环境战略落实到产品，引进生命周期分析，以确定在产品寿命周期中的哪一个阶段有可能削减或替代原材料的投入以及通过最低费用消除污染物和废物。这一战略刺激引导生产商和制造商以及政府政策制定者去寻找更有效的途径来实现清洁生产。

美国、荷兰、丹麦等发达国家在清洁生产立法、机构建设、科学研究、信息交换、示范项目等领域取得明显成就。发达国家清洁生产政策有两个重要倾向：一是着眼点从清洁生产技术逐渐转向产品全生命周期；二是从多年前大型企业在获得财政支持和其他种类对工业的支持方面拥有优先权转变为更重视扶持中小企业进行清洁生产，包括提供财政补贴、项目支持、技术服务和信息等措施。

当前，全球面临着环境风险不断增长、气候变化异常、生态环境质量恶化以及资源能源紧缺等多重挑战，清洁生产理念已经从工业生产向社会服务、农业及社会生活渗入。生态设计、产品全生命周期控制、废物资源化利用等将成为今后清洁生产的发展方向，并将影响到人们日常生活的方方面面。

1.2　清洁生产的概念

1.2.1　什么是清洁生产

清洁生产是人们思想和观念的一种转变，是环境保护战略由“被动反应”向“主动行动”的一种转变。联合国环境规划署在总结了各国开展的污染预防活动，并加以分析提炼后，提出了清洁生产的定义：

“清洁生产是一种新的创造性的思想，该思想将整体预防的环境战略持续应用于生产过程、产品和服务中，以增加生态效率和减少人类及环境的风险。

① 对生产过程，节约原材料和能源，淘汰有毒原材料，减少废物的数量和毒性；

② 对产品，减少从原材料提炼到产品最终处置的全生命周期的不利影响；

③ 对服务，将环境因素纳入设计和所提供的服务中。”

《中华人民共和国清洁生产促进法》对清洁生产的定义如下：清洁生产是指不断采取改进设计、使用清洁的能源和原料、采取先进的工艺技术与设备、改善管理、综合利用等措施，从源头削减污染，提高资源利用效率，减少或者避免生产、服务和产品使用过程中污染物的产生和排放，以减轻或者消除对人类健康和环境的危害。

清洁生产是一种全新的环境保护战略，是从单纯依靠末端治理逐步到过程控制的一种转变。清洁生产从生态和经济两大系统的整体优化出发，借助各种相关理论和技术，在产品整个生命周期的各个环节采取战略性、综合性、预防性措施，将生产技术、生产过程、经营管理及产品等与物流、能量、信息等要素有机结合起来并优化其运行方式，从而实现最小的环境影响、最少的资源能源使用、最佳的管理模式以及最优化的经济增长水平，最终实现经济的可持续发展。

传统的经济发展模式不注重资源的合理利用和回收利用，大量、快速消耗资源，对人类健康和环境造成危害。清洁生产注重将综合预防的环境战略持续地应用到生产过程、产品和服务中，以减少对人类和环境的风险。

具体来说，清洁生产主要包括以下 3 个方面的含义：

① 自然资源的合理利用，即要求投入最少的原材料和能源，生产出尽可能多的产品，提供尽可能多的服务，包括最大限度节约能源和原材料、利用可再生能源或清洁能源、利用无毒无害原材料、减少使用稀有原材料、循环利用物料等措施；

② 经济效益最大化，即通过节约能源、降低损耗、提高生产效益和产品质量，达到降低生产成本、提升企业的竞争力的目的；

③ 对人类健康和环境的危害最小化，即通过最大限度减少有毒有害物料的使用、采用无废或者少废技术和工艺、减少生产过程中的各种危险因素、废物的回收和循环利用、采用可降解材料生产产品和包装、合理包装以及改善产品功能等措施，实现对人类健康和环境的危害最小化。

1.2.2 为什么要推行清洁生产

1.2.2.1 推行清洁生产是可持续发展战略的要求

1992 年在巴西里约热内卢召开的联合国环境与发展大会是世界各国对环境和发展问题的一次联合行动。会议通过的《21 世纪议程》制定了可持续发展的重大行动计划，可持续发展已取得各国的共识。

《21世纪议程》将清洁生产看作是实现持续发展的关键因素，号召工业提高能效，开发更清洁的技术，更新、替代对环境有害的产品和原材料，实现环境和资源的保护和有效管理。

1.2.2.2　推行清洁生产是控制环境污染的有效手段

自1972年斯德哥尔摩联合国人类环境会议以后，虽然国际社会为保护环境做出了很大努力，但环境污染和自然环境恶化的趋势并未得到有效控制。与此同时，气候变化、臭氧层破坏、海洋污染、生物多样性损失和生态环境恶化等全球性环境问题的加剧，对人类的生存和发展构成了严重的威胁。

造成全球环境问题的原因是多方面的，其中以被动反应为主的“先污染后治理”的环境管理体系存在严重缺陷，人类为之付出了沉重代价。

清洁生产彻底改变了过去被动的污染控制手段，强调在污染产生之前就予以削减，即在生产和服务过程中减少污染物的产生和对环境的影响。实践证明，这一主动行动具有效率高、可带来经济效益、容易为企业接受等特点。

1.2.2.3　推行清洁生产可大幅降低末端处理负担

目前，末端处理是控制污染的最重要手段，对保护环境起着极为重要的作用，如果没有它，今天的地球可能早已面目全非，但人们也因此付出了高昂的代价。

清洁生产可以减少甚至在某些情形下消除污染物的产生。这样，不仅可以减少末端处理设施的建设投资，而且可以减少日常运行费用。

1.2.2.4　推行清洁生产可提高企业的市场竞争力

清洁生产有助于提高管理水平，节能、降耗、减污，从而降低生产成本，提高经济效益；同时，清洁生产还可以树立企业形象，促使公众支持其产品。

随着全球性环境污染问题的日益加剧和能源、资源耗竭对可持续发展的威胁以及公众环境意识的提高，一些发达国家和地区认识到进一步预防和控制污染的有效途径是加强产品及其生产过程以及服务的环境管理。欧共体于

1993年公布了《欧共体环境管理与环境审核规则》（EMAS），并于1995年4月实施；英国于1994年颁布BS7750用于环境管理；加拿大、美国等国家也制定了相应的标准。国际标准化组织（ISO）于1993年6月成立了环境管理技术委员会（ISO/TC207），通过制定和实施一套环境管理的国际标准（ISO 14000）规范企业和社会团体等组织的环境行为，以达到节省资源、减少环境污染、改善环境质量、促进经济持续健康发展的目的。由此可见，推行清洁生产将不仅对环境保护而且对企业的生产和销售产生重大影响，直接关系到企业的市场竞争力。

1.2.3 如何实施清洁生产

（1）政府层面，推行清洁生产应采取以下措施：

① 完善法律法规，制定经济激励政策以鼓励企业推行清洁生产；
② 制定标准规范，指导企业推行清洁生产；
③ 开展宣传培训，提高全社会清洁生产意识；
④ 优化产业结构；
⑤ 支持清洁生产技术研发，建立清洁生产示范项目；
⑥ 壮大清洁生产产业，提高清洁生产技术服务能力等。

（2）企业层面，推行清洁生产应采取以下措施：

① 制订清洁生产战略计划；
② 加强员工清洁生产培训；
③ 开展产品（服务）生态设计；
④ 应用清洁生产技术装备；
⑤ 提高资源能源利用效率；
⑥ 开展清洁生产审核等。

1.3 我国清洁生产实践

我国清洁生产的形成和发展经历了3个阶段。

（1）引进阶段（1989—1992年）

1992年，中国积极响应联合国可持续发展战略和《21世纪议程》倡导的清洁生产号召，将推行清洁生产列入《环境与发展十大对策》，由此正式拉开了中国实施清洁生产的序幕。1992 年 5 月国家环保局与联合国环境署联合在中国举办的第一次国际清洁生产研讨会，首次推出《中国清洁生产行动计划（草案）》。

（2）试点示范阶段（1993—2002 年）

1993 年 10 月，在第二次全国工业污染防治会议上，国务院、国家经贸委及国家环保局明确了清洁生产在我国工业污染防治中的地位。

1994 年，《中国 21 世纪议程》将清洁生产列为优先领域。

1999 年，《关于实施清洁生产示范试点的通知》选择北京等 10 个城市作为清洁生产试点城市；选择石化等 5 个行业作为清洁生产试点行业。

（3）建章立制及全面推广阶段（2003 年至今）

2002 年 6 月，第九届全国人大常委会第二十八次会议审议通过《中华人民共和国清洁生产促进法》（以下简称《清洁生产促进法》），于 2003 年 1 月 1 日起施行。《清洁生产促进法》的颁布使清洁生产纳入法制化轨道。为了全面贯彻实施《清洁生产促进法》，国家发改委会同国家环保总局联合下发了《清洁生产审核暂行办法》。

2004 年 10 月，财政部发布《中央补助地方清洁生产专项资金使用管理办法》，由中央财政预算安排用于支持重点行业中小企业实施清洁生产，重点支持石化、冶金、化工、轻工、纺织、建材等行业。

2005 年至今，《重点企业清洁生产审核程序的规定》《关于进一步加强重点企业清洁生产审核工作的通知》《关于深入推进重点企业清洁生产的通知》等促进了我国清洁生产工作的深入开展。

2009 年 10 月，财政部与工信部联合发布《中央财政清洁生产专项资金管理暂行办法》，由中央财政预算安排，专项用于补助和事后奖励清洁生产技术示范项目。

2011 年 3 月，《中华人民共和国国民经济和社会发展第十二个五年规划纲要》提出：加快推行清洁生产，在农业、工业、建筑、商贸服务等重点领域推进清洁生产示范，从源头和全过程控制污染物产生和排放，降低资源消耗。

2011 年 12 月，《国家环境保护“十二五”规划》提出：大力推行清洁生产和发展循环经济。提高造纸、印染、化工、冶金、建材、有色、制革等行业污染物排放标准和清洁生产评价指标。

2011 年 12 月，《工业转型升级规划（2011—2015 年）》提出：健全激励与约束机制，推广应用先进节能减排技术，推进清洁生产。促进工业清洁生产和污染治理，以污染物排放强度高的行业为重点，加强清洁生产审核，组织编制清洁生产推行方案、实施方案和评价指标体系。在重点行业开展共性、关键清洁生产技术应用示范，推动实施一批重大清洁生产技术改造项目。

2012 年 2 月，第十一届全国人民代表大会常务委员会第二十五次会议通过了关于修改《中华人民共和国清洁生产促进法》的决定。

2012 年 8 月，《节能减排“十二五”规划》提出：以钢铁、水泥、氮肥、造纸等行业为重点，大力推行清洁生产，加快重大、共性技术的示范和推广，完善清洁生产评价指标体系，开展工业产品生态设计、农业和服务业清洁生产试点。

2016 年 5 月，为落实《中华人民共和国清洁生产促进法》，进一步规范清洁生产审核程序，更好地指导地方和企业开展清洁生产审核，国家发展和改革委员会、环境保护部对《清洁生产审核暂行办法》进行了修订。修订后的《清洁生产审核办法》于 2016 年 7 月 1 日起正式实施。

2018 年 4 月，为科学推进清洁生产工作，规范清洁生产审核行为，指导清洁生产审核评估与验收工作，生态环境部、国家发展和改革委员会根据《中华人民共和国清洁生产促进法》《清洁生产审核办法》的规定，制定《清洁生产审核评估与验收指南》，清洁生产审核评估与验收工作进一步规范。

随着《中华人民共和国清洁生产促进法》（2012 年修正版）的出台，各省（区、市）根据本地区的实际情况，颁布实施了《清洁生产审核暂行办法实施细则》等地方推行清洁生产的政策法规；天津、云南等地还颁布了《清洁生产条例》。

1.4 北京清洁生产实践

北京市清洁生产的形成和发展分为 3 个阶段。

(1) 试点示范阶段（1993—2004 年）

北京市引进清洁生产思想、知识和方法。在世界银行“推进清洁生产”

项目的支持下，北京红星股份有限公司等企业实施清洁生产审核。

（2）快速发展阶段（2002—2009 年）

北京市积极组织清洁生产潜力调研。建立健全政策法规体系。14 个行业近 200 家企业开展清洁生产审核。

2007 年 5 月，北京市财政局、发改委、工业促进局和环保局联合制定《北京市支持清洁生产资金使用办法》，在整合中小企业专项资金、固定资产投资资金和排污收费资金的基础上，统筹建立了清洁生产专项资金支持渠道。

（3）探索新领域阶段（2010 年至今）

根据产业结构特点，北京市启动服务业清洁生产审核试点工作，2012 年北京市获得国家发改委、财政部批准，成为全国唯一一个服务业清洁生产试点城市，并选择医疗机构、住宿餐饮、商业零售等 10 个重点领域推行清洁生产。2013 年，北京市发布《清洁生产管理办法》，明确了清洁生产主管部门、工作主要环节、管理要求及资金支持办法。2014 年，北京市在农业领域启动清洁生产，在种植、养殖、水产方面推行清洁生产，并推进示范项目。至此，北京市清洁生产工作对第一、第二、第三产业实现了全覆盖，成为推动产业优化升级、转变经济增长方式的有力政策工具。

近年来，北京市与清洁生产相关的政策要求如表 1-1 所列。

表 1-1　北京市与清洁生产相关的政策要求

政策名称	颁布时间	清洁生产相关要求
《北京市“十三五”时期环境保护和生态建设规划》	2016 年 12 月	（1）石化、汽车制造、机械电子等重点行业，开展强制性清洁生产审核，鼓励开展自愿性清洁生产审核； （2）到 2020 年，完成 400 家以上企业的清洁生产审核，其中强制性审核 150 家，实现节能降耗减排的全过程管理
《北京市“十三五”时期节能降耗及应对气候变化规划》	2016 年 8 月	（1）通过政府购买服务方式，开展能源审计、清洁生产审核、碳核查等工作，促进了节能低碳服务业发展； （2）全面推行清洁生产，完成规模以上工业企业清洁生产审核，扩大服务业清洁生产范围，积极探索大型公共建筑、公共机构和农业领域清洁生产，健全重点行业领域节能、降耗、减污、增效的长效机制。加强清洁生产工作统筹管理和协调推进，修订完善促进清洁生产的有关政策； （3）支持中央在京单位开展节能低碳技术改造，实施清洁生产项目

续表

政策名称	颁布时间	清洁生产相关要求
《北京市国民经济和社会发展第十三个五年规划纲要》	2016年3月	(1)深入开展石化、喷涂、汽车修理、印刷等重点行业挥发性有机物治理,实施规模以上工业企业和大型服务企业清洁生产审核。开展餐饮油烟等低矮面源污染专项治理; (2)大力推行绿色设计和清洁生产,限制产品过度包装,减少生产、运输、消费全过程废弃物产生
《〈中国制造2025〉北京行动纲要》	2015年12月	加大推行清洁生产力度,制定重点产业技术改造指南,组织一批能效提升、清洁生产、资源循环利用等技术改造项目,推动企业向智能化、绿色化、高端化方向发展
《北京市2013—2017年清洁空气行动计划》	2013年9月	(1)市发改委、市经信委、市环保局等部门组织和引导水泥等重点行业企业开展清洁生产审核,实施清洁生产技术改造,鼓励发展节能、降耗、减排的清洁生产项目; (2)到2017年,组织400家以上企业完成清洁生产审核;钢铁、水泥、化工、石化等重点行业的排污强度比2012年下降30%以上
《北京市清洁生产管理办法》	2013年11月	明确清洁生产主管部门、工作主要环节、管理要求及资金支持办法

参考文献

[1] 汪波．清洁生产与循环经济的关系［J］．中国电力企业管理，2018（1）．

[2] 孟庆瑜，张思茵．京津冀清洁生产协同立法问题研究［J］．吉首大学学报（社会科学版），2017，38（4）：32-40.

[3] 颉兔芳，彭小英．研究清洁生产对环保产业良性发展的促进作用［J］．时代报告，2017（16）：176.

[4] 张晓琦，王强，曾红云．清洁生产环境管理政策在中国的发展和存在问题研究［J］．环境科学与管理，2017（12）：191-194.

[5] 吴珉．我国工业清洁生产发展现状与对策研究［J］．低碳世界，2017（1）：4.

[6] 王龙迪．探讨清洁生产促进环保产业良性发展［J］．环境与发展，2017，29（7）：192-193.

[7] 朱怡曼．清洁生产在低碳经济中的战略地位与实践探析［J］．绿色环保建材，2017（2）：220-221.

[8] 周长波，李梓，刘菁钧，等．我国清洁生产发展现状、问题及对策［J］．环境保护，2016（10）：27-32.

[9] 孙晓峰，李键，李晓鹏．中国清洁生产现状及发展趋势探析［J］．环境科学与管理，2010（11）：185-188.

[10] 徐广英，张萍．清洁生产与可持续发展的必要性分析［J］．中国资源综合利用，2016（3）：44-46.

[11] 李波，邱燕．清洁生产与循环经济的关系分析［J］．低碳世界，2016（21）：11-12.

第2章 服务业清洁生产现状及发展趋势

2.1 服务业清洁生产的意义和目的

服务业在我国国民经济核算工作中视同为第三产业。其定义为除农业、工业之外的其他所有产业部门，包括农、林、牧、渔的服务业，地质勘查业，水利管理业，交通运输业，仓储及邮电通信业，批发和零售业、住宿餐饮业，金融保险业，房地产业，社会服务业，卫生、体育和社会福利业，教育、文艺及广播电影电视业，科学研究和综合技术服务业，国家机关、党政机关和社会团体以及其他行业。

近年来，随着我国城市经济的快速发展和人口的日益增长，服务业在国内生产总值中所占比值逐年增大。2015 年，我国全年国内生产总值为 676708 亿元，比上年增长 6.9%。其中，第一产业增加值 60863 亿元，增长 3.9%；第二产业增加值 274278 亿元，增长 6.0%；第三产业增加值 341567 亿元，增长 8.3%。第一产业增加值占国内生产总值的比重为 9.0%，第二产业增加值比重为 40.5%，第三产业增加值比重为 50.5%，首次突破 50%。2011～2015 年 3 个产业增加值占国内生产总值比重见图 2-1。

随着产业结构调整，一些城市服务业得以快速发展，部分城市服务业（第三产业）在地区生产总值中所占比例如表 2-1 所列。

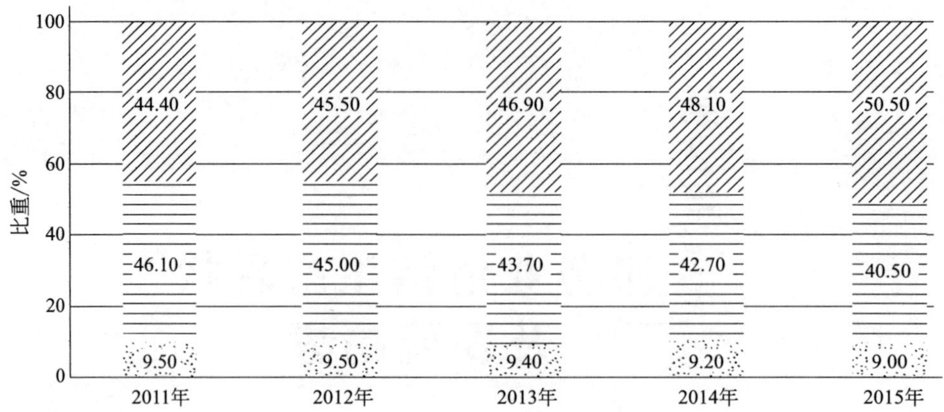

图 2-1　2011—2015 年 3 个产业增加值占国内生产总值比重

表 2-1　部分城市服务业（第三产业）在地区生产总值中所占比例　　单位：%

序号	城市名称	1995 年	2015 年
1	北京	52.50	79.80
2	上海	40.80	67.80
3	广州	47.60	66.77
4	西安	49.40	58.90
5	深圳	49.00	58.80
6	杭州	38.10	58.20
7	南京	41.90	57.30
8	济南	37.90	57.20
9	厦门	40.20	55.80
10	青岛	35.00	52.80

以北京为例，改革开放以来，北京的城市发展战略发生了根本的转变。城市经济内涵由单纯以工业为主导的经济形态逐渐向服务业倾斜。据统计，北京市第三产业比重由 1995 年的 52.50%上升到了 2015 年的 79.80%，领先全国平均水平 30 个百分点。根据《北京市国民经济和社会发展第十三个五年规划纲要》，到 2020 年，服务业比重将提高至 80%左右。北京市的产业结构已完成从“工业主导”向“第三产业主导”的过渡。服务业逐渐成为推动首都经济平稳、快速、高辐射发展的主要行业，成为推动首都经济增长的主要驱动力。北京市第三产业增加值占地区生产总值的比例如图 2-2 所示。

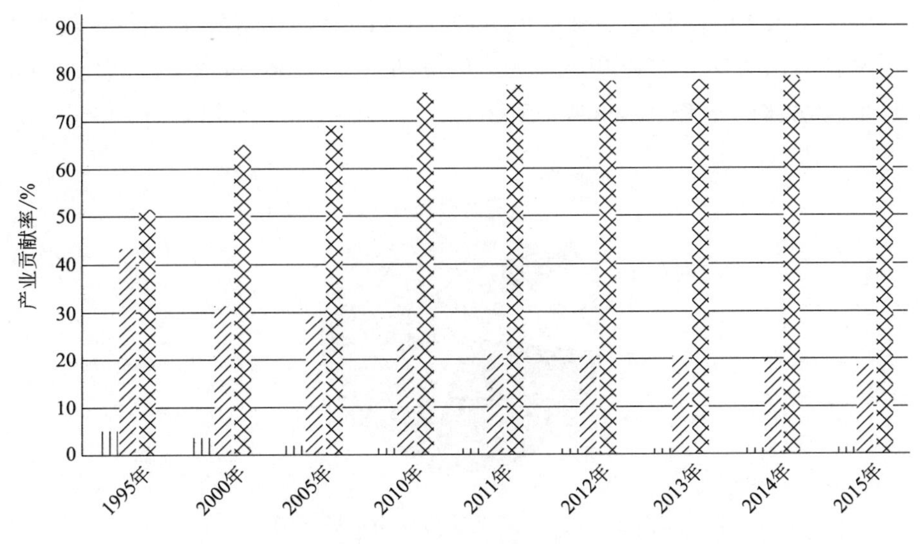

图 2-2　北京市第三产业增加值占地区生产总值的比例

与此同时，第三产业的发展推动了资源能源消费量的持续增长。服务业的能耗、水耗、污染物排放也呈现出较快增长态势，对经济增长的瓶颈效应日益凸显。

以北京为例，“十二五”以来，服务业能源消费量继续保持较快增长，2015 年，全市能源消费量为 6850.7 万吨标准煤，第三产业能源消费量达到 3312.6 万吨标准煤，占全市能源消费比重达到 49%（图 2-3）。

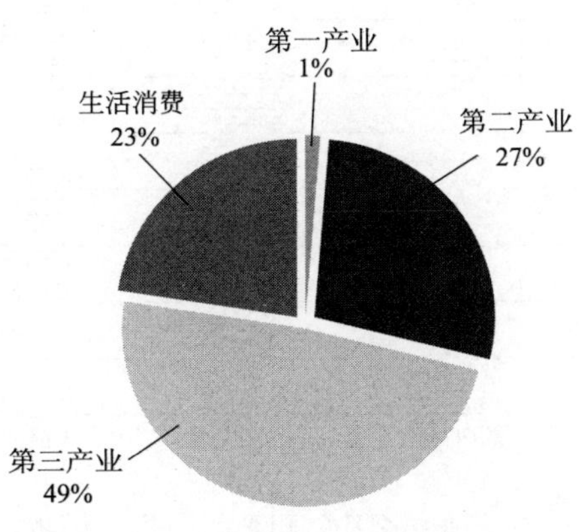

图 2-3　2015 年北京市分产业能耗比例图

2015年北京市全年总用水量38.2亿立方米，比上年增加1.89%。其中，生活用水17.47亿立方米，增长2.90%；生态环境补水10.43亿立方米，增长43.86%；工业用水3.85亿立方米，下降24.37%；农业用水6.45亿立方米，下降21.08%（图2-4）。

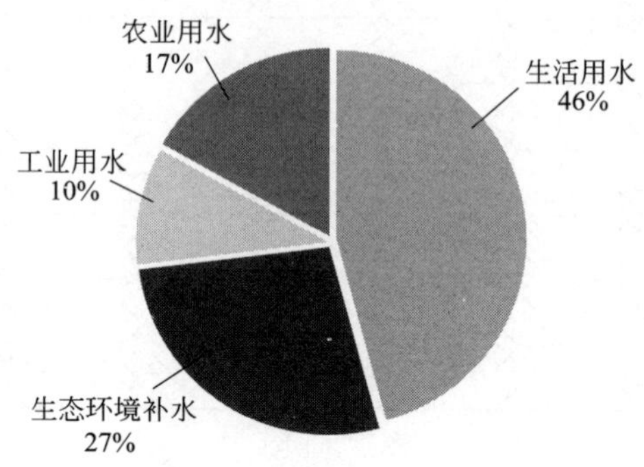

图2-4　2015年北京市总用水量比例

从地表水水质情况（图2-5）来看，北京市水资源短缺和城市下游河道水污染严重的局面未根本改变。全年共监测五大水系有水河流94条段，长2274.6km，其中：Ⅱ类、Ⅲ类水质河长占监测总长度的46.9%；Ⅳ类、Ⅴ类水质河长占监测总长度的7.3%；劣Ⅴ类水质河长占监测总长度的45.8%。主要污染指标为生化需氧量、化学需氧量和氨氮等，污染类型属有机污染型。

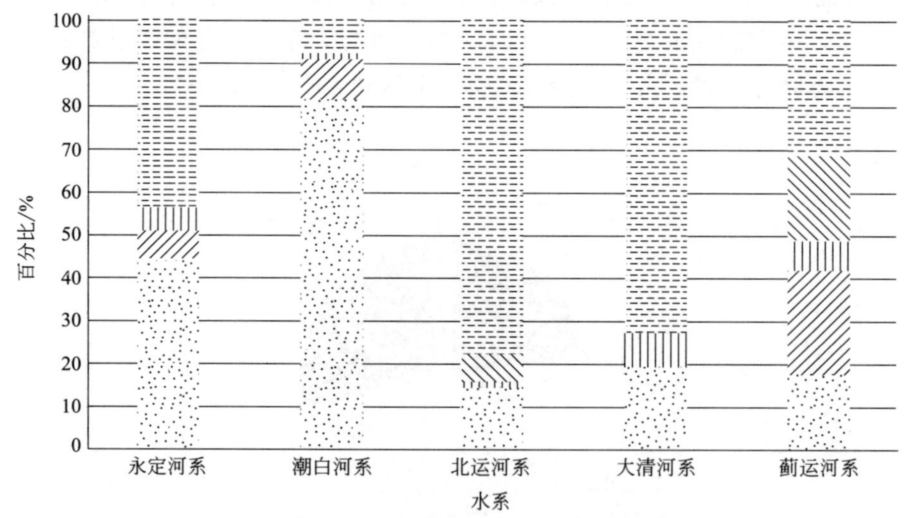

图2-5　五大水系水质类别长度百分比统计图

据统计，2015 年北京市城镇生活污水（含服务业）化学需氧量排放量 79396t，占排放总量（161536t）的 49.2%；城镇生活污水氨氮排放量 11564t，占排放总量（16491t）的 70.1%。服务业是有机污染型废水的主要来源。随着产业结构的优化，北京市工业和农业节水和废水减排空间有限，因此推行服务业清洁生产，挖掘服务业节水潜力对于建立节水型社会、减少废水有机污染物排放、改善地表水水质至关重要。

服务业的环境污染问题，如果不从现在开始着手加以解决，将成为继农业和工业环境污染之后的又一生态危害途径，并且会成为制约现代服务业乃至整个国民经济可持续发展的重要因素。清洁生产在作为污染预防与治理有力抓手的同时，还对北京实现经济增长方式的转变和可持续发展、建设资源节约型和环境友好型城市起着重要的推动作用。

2.2 服务业清洁生产现状

北京市于 2007 年起逐步在服务业探索推行清洁生产，已在医疗机构、高等院校、住宿餐饮、商业零售等多个领域推行清洁生产，积累了一定经验，取得了一定的成效。2012 年 10 月，国家发改委、财政部正式批复北京市为全国唯一的服务业清洁生产试点城市。同年，《北京市服务业清洁生产试点城市建设实施方案（2012—2015 年）》获得批复同意。2013 年 4 月 17 日，北京市组织召开节能降耗及应对气候变化电视电话会议，正式启动并部署了服务业清洁生产试点城市建设工作。

（1）完善政策法规标准

北京市颁布实施了《清洁生产评价指标体系 住宿餐饮业》（DB11/T 1260—2015）等十个服务业清洁生产标准，用于指导相关行业企事业单位推行清洁生产，评价清洁生产水平。制定《北京市清洁生产管理办法》，鼓励服务业企事业单位推行清洁生产，实施清洁生产技术改造。

（2）开展清洁生产审核

选择住宿餐饮、医疗机构、洗衣、商务楼宇、交通运输、高等院校、商业零售、沐浴、汽车维修及拆解、环境及公共设施管理十个领域为试点行业，采取自愿审核的方式，开展了数百家服务业企事业单位清洁生产审核。

(3) 实施清洁生产项目

在十个服务业试点领域中，重点支持了余热回收、电机变频改造、厨余垃圾资源化利用、洗衣龙、中水回用等清洁生产技术改造项目，建立了清洁生产示范项目，逐步在相关行业推行清洁生产经验。

如今，北京市服务业清洁生产工作稳步推进，但其中仍存在一些问题没有解决。为持续在服务业推行清洁生产，不仅需要国家政策导向和资金扶持，还需企业和公众自觉参与进来，为北京服务业的绿色发展做出贡献。

2.3 服务业清洁生产前景

服务业清洁生产是发展循环经济、推动绿色发展和建设“两型社会”的重要手段。服务业的飞速发展带来了经济的增长和就业人口增加，同时也加大了能源消耗和生态环境问题。因此，服务业开展清洁生产势在必行。

未来，国家对服务业的发展将更加注重发展结构、质量和效益的有机协调。通过在全国推行服务业清洁生产工作，完善高能耗、高污染服务业行业和企业退出机制，建立服务业清洁发展模式。随着服务业清洁生产技术和管理需求的增加，也将积极促进节能环保、新材料、新能源等战略性新兴产业发展，加快向服务经济为主导、创新经济为特征的经济形态转变，推动经济和社会环境同步提升。

目前，北京市已在全市范围内建立服务业清洁生产试点，并在不断的探索中总结经验。通过不断努力，北京市基本成为了以物质高效循环利用为核心、全社会共同参与的服务业清洁生产发展示范区，形成了可向全国示范推广的服务业清洁生产促进体系。同时，为了更好地推进北京市服务业清洁生产试点城市的建设工作，北京还将加大资金投入，发挥财政资金引导作用，强化企事业单位的清洁生产主体作用，支持企事业单位加大绿色投入。

参考文献

[1] 古圣钰，吴英伟．服务业发展、产业集聚与地区经济增长［J］．合作经济与科技，2018（4）：42-43.

[2] 张晓露．“互联网＋”背景下政府促进现代服务业发展的路径研究［J］．智富时代，2018

(1).

[3]　李晓丹，于承迎．服务业清洁生产推广模式和实践［J］．节能与环保，2018（1）：56-59.

[4]　冯志诚，吴学信．企业清洁生产审核技术要点研究［J］．资源节约与环保，2018（2）：31，42.

[5]　周明生．京津冀服务业集聚与经济增长［J］．经济与管理研究，2018（1）：68-77.

[6]　李宵，申玉铭，邱灵．京津冀生产性服务业关联特征分析［J］．地理科学进展，2018，37（2）：299-307.

[7]　李冰．北京：探索服务业清洁生产模式［M］．节能与环保，2017（7）：44.

[8]　宋君伟．轻工行业工业清洁生产的推行研究［J］．绿色环保建材，2017（8）：232.

[9]　彭水军，曹毅，张文城．国外有关服务业发展的资源环境效应研究述评［J］．国外社会科学，2015（6）：25-33.

[10]　王小平，赵娜．工业绿色转型中环保服务业发展研究——以河北省为例［J］．价格理论与实践，2015（1）：106-108.

[11]　张京，王庆华，郭俊祥．美、日环保服务业发展借鉴［J］．环境保护，2010（21）：67-69.

[12]　汪琴．北京市第三产业清洁生产的必要性、现状和对策建议［J］．北京化工大学学报（社会科学版），2010，901：32-36，43.

[13]　中华人民共和国国家统计局．中国统计年鉴（2016）［M］．北京：中国统计出版社，2016.

[14]　北京市统计局，国家统计局北京调查总队．北京统计年鉴（2016）［M］．北京：中国统计出版社，2016.

第3章 商业零售行业概况及特点

3.1 商业零售行业基本情况

3.1.1 定义

零售（retail）一词源自法语，意为“切碎”，相对批发而言，指大批量买进并小批量卖出的商业活动。在商品经济社会，零售业就是向个人、家庭或社会集团出售生活消费品及相关服务的行业。零售企业的零售活动可在零售店铺中进行，也可上门推销、邮购、自动售货机销售、网络销售等，还常常伴随商品出售提供各种服务，如送货、维修、安装等。

我国《零售业态分类》（GB/T 18106）中对零售业的定义是：零售业（retail industry）是指以向消费者销售商品为主，并提供相关服务的行业。其他的比较主流的零售业定义主要还有如下两种。

一种是从营销学角度的定义：认为零售业是任何一个处于从事由生产者到消费者的产品营销活动的个人或公司，他们从批发商、中间商或者制造商处购买商品，并直接销售给消费者。这种定义在近30年的营销学的文献中非常普遍。

另一种定义来自美国商务部：所有把较少数量商品销售给大众的实体都可以被称为零售贸易。他们对于商品只产生销售行为，并不改变其形式，提供给消费者的相应服务也仅限于商品的销售，零售贸易板块不仅包括了店铺零售商而且包括了无店铺零售商。

商业零售行业处于流通领域，是社会再生产的重要环节，发挥着引导生产、促进消费的重要作用。近年来，北京逐渐形成了以服务业为主的产业发展模式，但与此同时，服务业的能耗、水耗、污染物排放也呈现增长态势。零售行业与国民衣食住行各方面紧密相关，是国民经济不可缺少的重要组成部分。作为商品流通的最终消费渠道，该行业对上游产业有明显的主导作用和拉动作用，与社会和经济的发展紧密相关。

3.1.2　业态结构与规模

3.1.2.1　行业类型

业态是指零售企业为满足不同的消费需求而形成的不同经营形态。我国目前的零售业态从总体上可以分为两种类别，即有店铺和无店铺零售业态。

据《零售业态分类》(GB/T 18106)，零售业态按照分类原则可分为 17 种，分别是大中型综合性零售商场超市以及大型超市、超市、仓储会员店、百货店、食杂店、便利店、折扣店、专业店、专卖店、家具建材店、购物中心、厂家直销中心、电视购物、邮购、网上商店、自动售货亭、电话购物(表 3-1)。现阶段，我国零售业已基本包括所有现代零售业态，可以看出零售业态呈现出细分化和多样化的发展趋势。

表 3-1　零售业态分类

编号	业态类型	含义及主要特点
		有店铺零售业态
1	食杂店	所销售的商品包括香烟、酒、饮料、休闲食品等，分布广泛，独立、传统，无明显品牌形象
2	便利店	位于居民区附近，以经营即时性商品为主
3	折扣店	占铺装修简单，提供有限服务，以销售自有品牌和周转快的商品为主的一种小型超市业态
4	超市	开架售货，集中收款，提供多种商品，能够满足社区消费者日常生活需要
5	大型超市	在超市所具有的功能基础上扩大经营范围和规模，提供的商品品种齐全，能够全方位满足顾客一次性购齐的零售业态
6	仓储会员店	建立在大型综合超市经营的商品基础上，以会员制为基础，筛选大众化实用品销售

续表

编号	业态类型	含义及主要特点
7	百货店	在一个建筑物内，经营若干大类商品，对经营商品以及销售人员实行统一管理，分区销售，能够在一定程度上满足顾客对时尚商品多样化选择的需求
8	专业店	相对于百货店，专业店更以一大类商品为主，如家电专业店
9	专卖店	一般位于繁华商业区、商店街或百货店、购物中心，专门经营或被授权经营某一主要品牌商品
10	家具建材店	专门销售建材、装饰、家居用品，消费者能够购买到自己需要的家居用品和建材耗材
11	购物中心	国外称为 shopping center 或 shopping mall，是一种拥有多种零售店铺的集合体
12	厂家直销中心	由房地产开发商在城市与城市之间交通方便的地方建筑简易的、有一定规模的联体式独立商店，以租赁形式供生产商直接销售商品。这种零售业态出售的商品都是企业的品牌商品，多是较多企业品牌的一个集中营业场所
无店铺零售业态		
13	电视购物	依托电视媒介向消费者出售商品的零售业态
14	邮购	通过邮局以邮寄商品目录、发行广告宣传品，向消费者进行商品推荐展示的渠道，引起或激起消费者的购买热情，实现商品的销售活动，并通过邮寄的方式将商品送达给消费者的零售业态
15	网上商店	以网络形式进行经营销售的零售业态
16	自动售货亭	通过零售机自动售货，消费者自助购买商品的零售业态
17	电话购物	买卖方通过电话完成交易的零售业态

随着市场经济的发展及北京流通现代化进程的加快，以上各种零售业态在北京均已出现，并得到了不同程度的发展。目前，北京零售业已形成了以大中型百货店、购物中心、超市、专业店、网购为主体，以其他零售业态为补充，满足多方面、多层次消费需求的格局，业态结构日益趋向完整、合理。

（1）购物中心

购物中心是指在一个大型建筑体或群内，由企业有计划地开发、拥有、管理运营的各类零售业态、服务设施的集合体，不仅提供商业服务，同时还包含了文化、娱乐、休闲、社交等多项功能，是提供多元性消费及服务的现代中心。大型购物中心所提供的服务设施集购物、文化教育、运动休闲、娱乐餐饮、办公住宿等于一体，绿地、道路、停车场以及各种不同公共建设贯穿于这些服务中，其所代表的意义远超过单一的经济活动目的。购物中心的卖场实行租赁制，各租赁店独立开展经营活动，中心管理委员会只对其部分行为进行综合管理。

大型购物中心的兴建，虽然属于一种商业活动，但是对于疏散都市拥挤人口、旧市区的再生、新市区的发展以及城乡区域的发展，具有相当重要的作用。大型购物中心以“土地利用极大化”为特点，加上整体的商品规划包装，以及集中统一的管理，成为当前人类社会中最重要的商业活动。其规模构建庞大，设施复杂。一个大型购物中心具有如下特点。

① 有一块完整的地基，而其开发利用除了考虑提供当前及未来将运用到足量商业及停车空间外，还应考虑自然环境、生态、水上环境等相关环保问题。

② 有一致而整体的建筑设施规划。建筑设施强调其特色及景观的一致性及主题性，同时能提供足够的商业服务空间给经过选择并统一管理的整组零售店头。

③ 与所提供服务的商圈或住宅区之间，有完善的道路交通系统，使消费者可以便利地到达或离开。

④ 有足够的停车空间，停车场的出入位置与购物中心的出入口及店头消费步道间的联络方便。

⑤ 所提供的服务及商店业种呈多元化及多样化，而且其选择及设计完全是针对邻近商圈或住宅区的需求。购物中心内的店家由一到数家主要承租户及许多一般承租户组合而成。

⑥ 集中而统一的经营策略及店头管理。例如商品编排及展示方式、商场的平面规划及内部装潢设计、整体形象推广等。

⑦ 强调安全舒适且具有独立个性的购物环境的塑造。例如外部的建筑景观设计、内部灯光及色彩设计、从业人员的服务态度等，都必须注重一致性及协调性，使消费者获得物质与精神层面的双重满足。

（2）大型超市

大型超市是实行顾客自助服务，敞开售货和一次性付款的零售业态形式，旨在一站式全方位地满足消费者基本生活需求。经营品种齐全，包括食品、生鲜品、日常用品、家电、服装等，一般都是大规模经营的连锁集团，具有很强的竞争力。

大型超市的经营特点主要包括：

① 以自助式服务和一次性结算为主要经营方式，经营内容大众化且综合化，卖场规模大，经营品种繁多，满足了消费者一次性购足的购买方式。

出售商品有独立包装的，也有经过称量计价后再包装的，各类商品分布导向标志及价格标签醒目，商品开架陈列和落地堆放，购物集中结算。

② 薄利多销是其主要经营方式，销售价格低廉，同类商品价格一般低于连锁食品超市和百货商店。

③ 商品采购采用集中采购管理模式，由采购部统一来完成。商品一品一码，运用现代科学技术，形成企业内部编码，便于管理。

④ 良好的购物环境，视野开阔，空间宽阔，灯光明亮，温度舒适，使人们在购物中感到愉悦与享受。

3.1.2.2 行业分布

根据相关统计资料，2014 年北京市零售业在不同行业的分布如图 3-1 所示。

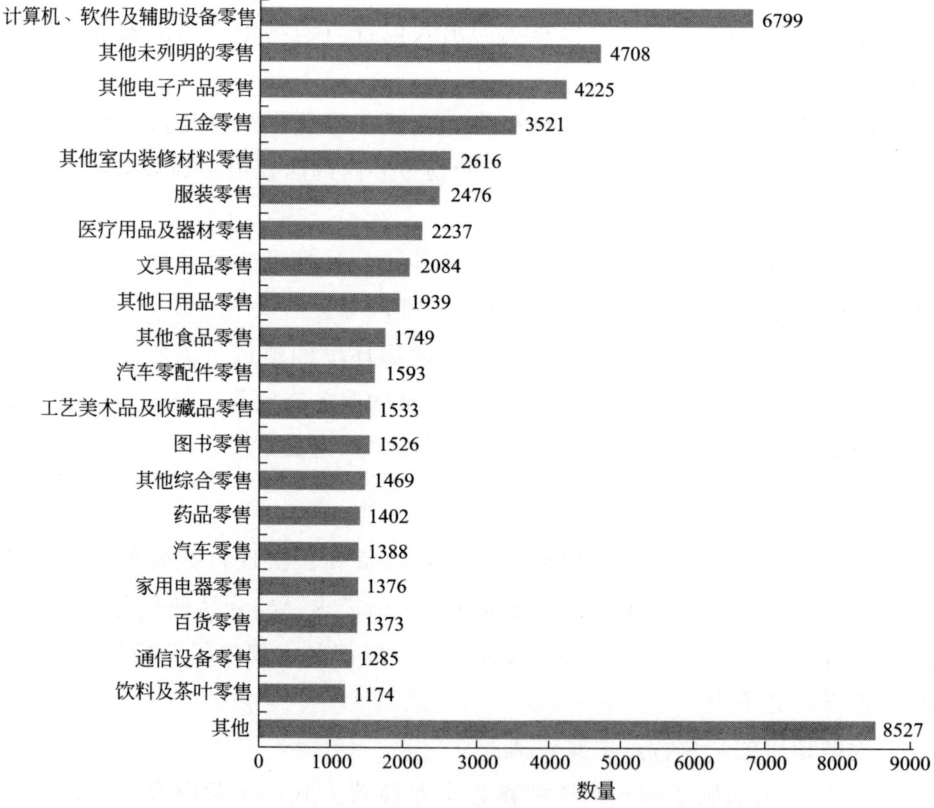

图 3-1 2014 年北京市零售业在不同行业的分布

从各行业零售企业数量来看，计算机、软件及辅助设备零售企业数量最多。

2014 年北京市零售业不同零售领域总体资产统计如表 3-2 所列。

表 3-2　2014 年北京市零售业不同零售领域总体资产统计

排名	行业	资产总计/亿元
1	汽车零售	631.79
2	百货零售	623.06
3	超级市场零售	571.77
4	家用电器零售	534.28
5	药品零售	289.25
6	计算机、软件及辅助设备零售	196.54
7	机动车燃料零售	165.17
8	服装零售	129.16
9	医疗用品及器材零售	123.36
10	邮购及电子销售	112.39

北京市零售业汽车零售，百货零售，超级市场零售，家用电器零售，药品零售，计算机、软件及辅助设备零售，机动车燃料零售，服装零售，医疗用品及器材零售，邮购及电子销售等零售领域资产位于前列。

3.1.3　发展现状

我国商业零售行业的发展已经进入了一个黄金时期，规模大，数量多，商业饱和度日益增强，业态层次鲜明，档次不断提高。例如，北京市商业发展规模持续增长，连续三年成为国内最大的城市消费市场。2014 年全国社会消费品零售总额达到 9638 亿元，增长 8.6%。据北京市“十三五”商业服务业发展规划显示，北京商业保持了持续快速增长的势头，“十二五”期间，批发零售业商品购销总额、购进额、销售额分别年均递增 24.9%、27.8%、27.5%，超过“十一五”规划目标，居全国各城市前列。商业增加值在 GDP 中的比例逐年上升，从业人员人数最多，奠定了北京经济社会发展的支柱地位，为北京经济繁荣和社会稳定做出了重要贡献。

20 世纪 90 年代初开始，北京零售业在营销和服务两方面双管齐下，完成一次翻天覆地的蜕变，最终迈入成熟。20 世纪 90 年代中后期，北京零售业上演改头换面的好戏。各个零售商一改过去小型经销店或百货商场的模式，跳过零售业传统发展历程中较大规模超市的过渡阶段，一下子变身为大型超市或仓储超市。接着北京零售业又出现回归趋势，便利店和高档超市成为新增长点。

目前，北京零售业国际化程度居全国之首，同时还超过了日本东京，位列世界十大零售城市的第六位。

据统计，2015 年，北京市登记注册的零售企业共 52 家，包括北京家乐福商业有限公司、北京超市发连锁股份有限公司、物美控股集团有限公司、北京美廉美商业有限公司、北京欧尚超市有限公司、国美电器有限公司等；商业企业集团 16 家，包括宜家家居、中友百货、王府井百货等；大型连锁超市 110 家以上，包括家乐福 15 家、沃尔玛 9 家、物美 26 家、易初莲花 8 家、华联超市 9 家、华堂商场 10 家、欧尚 4 家等；中型超市 160 家以上，包括天客隆 23 家、超市发 10 家、亿客隆 11 家等。

随着北京商业聚集区域不断扩大，新型商圈不断崛起，逐渐形成了北京的商圈格局，如重点商圈 CBD 商圈、燕莎商圈、王府井商圈、西单商圈、中关村商圈、亚奥商圈等。

据统计，北京市共有商场 146 家，其中，朝阳区 57 家，海淀区 28 家，东城区 21 家，西城区 20 家，丰台区 11 家，其他区域 9 家。北京商业运营模式以购物中心为主，目前已成为北京新商业地产项目的主流经营模式，得到了业主、零售商和消费者三方的共同认可，一站式消费符合客户需求。如王府井商圈-东方新天地，王府井商圈南起长安街，北至灯市西口，东接金鱼胡同，西连东安门大街，面积达 45 万平方米左右，东方新天地占地 10 万平方米，总建筑面积达 80 万平方米，是目前亚洲最大的商业建筑群之一。

近十年来，我国零售业变化大、发展快，对经济和社会产生了前所未有的影响。零售业跨入多层次、多业态、开放式、竞争型的发展阶段，促进经济增长。随着改革开放的不断深入，零售业发展迅速，零售业作为北京经济和消费经济增长最大的受益者之一，无论是市场规模还是盈利情况，都具有不俗的业绩。

目前，我国经济持续快速发展，消费品市场规模快速扩张，在这种环境下，我国大型商业零售企业商品销售高速增长。这种增长既是居民消费快速增长的推动，更重要的是大型商业零售企业扩张的贡献。

“十三五”时期，面对复杂的经济环境，我国零售业继续保持平稳发展，同时也呈现出一些特点：第一，在国民经济和消费品市场保持平稳增长的势态下，我国商业零售市场规模进一步扩大，但是行业规模扩张速度放缓，在商品零售额增速整体放缓的影响下，大型零售企业销售增速也呈现放缓态势；第二，近年来，我国商业零售企业规模不断地快速扩张，整个行业都处于较快的成长环境中，但是竞争加剧，以及经营成本增加导致行业利润下滑。

3.1.4　经营模式及特征

随着商品交换的不断发展，逐渐出现了专门从事商品交换活动的营利性事业，也就是商业。而伴随着商业的发展，商品的零售业也发生了巨大的变化与改革。目前，商业零售行业企业大多采取连锁经营模式，如所调研的华堂商场、物美大卖场、华联超市、大中电器等，可见连锁经营已经成为了现代商业企业发展的必然趋势。

商业零售行业连锁经营模式的特征主要表现为：经营同类产品，使用统一商号，在同一总部的管理下，采取统一采购或授予特许权等方式以达到规模效益的经营，属于一种商业组织形式和经营制度。具体特征如下。

① 同一资本开分店：各个成员店之间是以资本为主要连接纽带，资本又属于同一个所有者，归一个公司、一个联合组织或一个人，是由同一个投资主体投资开办分店，各门店不具有独立的法人资格。

② 经营权高度统一：连锁门店的所有权、经营权、监督权完全集中在总部，由总部根据统一的经营方针，经营同类商品和服务，便于进行共同的经营活动，如统一管理、统一促销、统一价格等。

③ 管理权统一：经营管理权完全集中在总部，由总部根据统一的事业规划方针，负责连锁公司的人事、财务、投资、分配、采购、促销、物流、商流、信息等方面的高度集中统一管理与经营，店铺只负责销售业务。

④ 财务核算统一：连锁企业的总部负责决策，门店负责销售，各门店的店长由总部委任，是连锁企业的雇员而非所有者，店长无权决定门店的利润分配，因此同一资本开设的连锁企业实行的是统一核算制度。

3.1.5 发展趋势

在科学发展、加快经济发展方式转变的政策环境下，我国经济在国家主动调控和国内外发展环境约束的共同影响下，从未来发展趋势看，商业零售行业发展将进入减速、平稳的发展期。随着居民消费结构升级的深入，居民消费也将加快向服务性消费转变。同时，经过长期激烈的市场竞争，企业的竞相快速扩张，大中城市的门店已趋于饱和，尤其是北京。因此，我国大型商业零售企业商品销售在未来一定时期将进入中速增长阶段。

另外，随着消费者收入的不断提高，政府绿色采购的逐步实施，商业零售行业绿色经营的市场基础将进一步扩大。近几年来，随着经济的发展，人们的收入得到了持续的提高，有效地推动了个人绿色消费，为绿色经营创造了良好的市场基础。《节能产品政府采购实施意见》明确地提出应优先采购节能产品，逐步淘汰低能效产品，政策的实施有力地推动了政府绿色采购的发展，同时也为商业零售行业绿色经营提供了更大范围的市场基础。从2008年6月1日开始，全国范围内超市停止向消费者免费提供塑料袋，以减少塑料袋对环境所造成的破坏，这是中国商业零售行业节能环保、清洁生产行动的良好开端。因此，推进商业零售行业绿色经营，实现可持续发展将是未来的重要发展方向，也是必然趋势。

商业零售行业的日益发展，其行业内的能耗巨大且呈现逐渐增加的趋势，用水用电明显高于国际水平，同时，在行业运营过程中不可避免地会在商品的生产、销售、消费和服务过程中产生大量的污染物，影响周围环境，危害人体健康，造成商业性的环境污染，具体表现为：

① 商业零售行业在设计、生产、销售、流通、消费的各个阶段中会消耗大量的能源和资源，能耗主要发生在经营场所的采光、照明、加热和冷冻、用水，商品的包装，废物处理过程。另外，采购和销售的运输途中，建筑和设备、通风系统也会消耗大量的燃料、电能，排放出大量的温室气体。

② 同时，商业零售行业的污染物的产生与商品的设计、生产、销售、流通、消费的各个阶段均密切相关。其形态大致包括常见的固体废物、废水、废气、噪声等。其中，固体废物主要包括商品的包装物如废塑料、塑料袋、废纸、废金属、废玻璃、废橡胶等。废水主要来自餐饮、冲厕、盥洗等，特征污染物为COD、NH_3-N、阴离子表面活性剂等。废气主要来源于锅炉、炊事灶等，其油烟成分复杂，含有多环芳烃、醛、酮等多种有害物

质，烟气中含有氮氧化物等污染物。噪声主要是商业活动和娱乐服务中的制冷设备、音响设备、抽风机等噪声。其他污染物还包括较大规模的商家的玻璃幕墙装潢形式对城市环境产生光污染，制冷和空调设备产生的热辐射和振动污染。

由于商业零售行业普遍存在以上问题，急需在行业内推行清洁生产，积极推进和倡导绿色采购、绿色包装、绿色消费。商业零售行业是社会保障的基础，是全体国民必不可少的部分，也属于第三产业中的资源能源消耗大户，亟须开展大量的清洁生产研究和实践。随着商业零售行业规模不断增大，其占地面积和人口容量都出现较大幅度的增长，其环境问题不容忽视，越来越突显出商业零售行业清洁生产的迫切性。在商业零售行业所推行清洁生产，对于降低能源消耗、保护环境、和谐发展具有巨大的推动作用。

3.2　商业零售行业典型服务流程

商业零售行业企业一般组织结构为总部、门店及配送中心，职能划分明确，各职能单元的关系形成纵向与横向的网络状联结，三个部门贯穿于整个服务流程。

① 总部是连锁企业的核心，除自身具有决策职能、监督职能以外，还主要承担整体经营的设计功能，其基本职能是制订基本政策、开发连锁门店、商品采购管理、商品配送管理、资金运作管理、商品促销管理以及门店运营督导等。一般连锁组织总部的设立分为两类情况：一类是母公司与连锁公司的总部合二为一；另一类是设置独立的总部。前者多处于创立初期分店少的情况，而后者是在分店发展多时采用的情况。大型连锁公司在总部内设有专门的事业部，地区设有地区事业部，最基层是销售店铺。

② 门店是连锁经营的基础，是总部政策的执行单位，也是连锁公司直接向顾客提供商品及服务的单位。主要职责是按照总部的决策和服务规范要求，承担日常的销售业务。其主要职能是商品销售与服务以及相关的管理作业，如环境管理、人员管理、商品管理、现金管理和信息资料管理等。

③ 配送中心是连锁企业的物流机构，是专门从事货物配送活动的经营组织或实体。其建立形式主要分为两种：一是自建配送中心；二是合作建立。自建的配送中心主要由分货配送、流通库存、生鲜加工三部分组成，而合作建立主要由供应商或第三方配送完成。

3.3 商业零售行业现状及存在问题

20世纪90年代以来，我国商业零售行业的规模和数量都得到了迅猛发展，行业内的能耗巨大且呈现逐渐增加的趋势。同时，在行业运营过程中不可避免地会在商品的生产、销售、消费和服务过程中产生污染物，影响周围环境，危害人体健康，造成商业性的环境污染。

商场零售行业企业由于需要照明、空调、冷冻冷藏设备，耗电量最高，每实现100元销售额耗电1.77kW·h，根据北京市电网销售电价表，如果按平均每千瓦时商业用电0.9元计算，折合电费1.59元。目前，企业利润微薄而耗能支出巨大，是商业零售行业发展面临的一大课题。

首先，商业零售企业耗能因素差异较大，包括业态形式、营业面积、人员配备、商品结构、所在地区等。其次，从购物中心角度出发，相对其他耗电方面来说，照明耗电和空调耗电两个部分是最重要的耗电部分，与此同时产生的废气、光、热辐射、噪声等污染也将是防治的重点。电梯耗电占总耗电量比例较小，但若通过调整电梯的运行方式和程序，例如人流感知变频程序，也可降低能源消耗。最后，大型超市方面，为了保证食品安全和卫生，冷冻冷藏设备需要无间歇运转，故冷冻冷藏设备、空调系统以及照明系统耗电比重最大，存在一定的节能空间，优化设备的运行成为大型超市节电节能的关键。

购物袋、包装袋的使用给消费者带来了便捷，也造成了环境污染，给企业带来了一项巨大的成本开支，包装使用的塑料袋产生的能源消耗以及对环境造成的污染问题成为商业零售行业一项严峻的挑战。商场目前多以纸质环保购物袋替代塑料购物袋的使用，虽然已实行塑料袋收费政策，但塑料购物袋的使用依然是超市包装物类最大的消耗，另外还有一部分是生鲜、食品的包装袋、保鲜膜等。目前，商场、超市的大部分包装物多以废品出售的形式处理，只有少数企业能对商品运输和储存过程中使用的包装箱进行重复循环使用，造成浪费。

通过调研发现，商业零售企业全年用电。商家为营造愉悦舒适的购物环境，营业期间照明要保证足够的亮度，空调要保证适宜的温度；为保证食品安全，冷冻冷藏设备要保证一年中每天24小时持续运转。零售业是一个微利行业，据相关统计，目前我国行业平均销售净利润率只有1%左右，而电费支出占销售收入的3%～4%，并且随着商品结构的调整和卖场环境的改善，这个比例呈越来越大的趋势。据连锁经营协会公布的《商超行业节能情况调查报告》显示，我国商场超市行业能源消耗惊人。营业面积在1万平方米左右的大型综合商场或超市，平均年用电量180万千瓦时，每年支付电费超过160万元。节电1元就相当于销售了40～50元的商品，若年节电20%，即节电32万元，就相当于一年增加了1280万～1600万元的销售额，微薄的利润和大量的耗能支出，使商业零售行业实施清洁生产势在必行，也是商业零售行业增加利润并保护环境的双赢途径。

3.3.1 能源消耗情况

据商务部“零售企业节能环保情况调查”显示，按不同业态来看，百货、超市和大型超市的万元营业额能耗量较大。2010年，百货业态万元营业额能耗量区间为110～480千瓦时/万元，超市为200～390千瓦时/万元，大型超市为130～550千瓦时/万元，专业店为70～150千瓦时/万元。单位面积耗电量区间为：大型超市250～460kW·h/m^2，百货店200～530kW·h/m^2。自2010年中国连锁经营协会启动了“百家低碳示范商店”项目活动，2011年大型超市的单位面积平均耗电量为276kW·h/m^2，百货店的单位面积平均耗电量为259kW·h/m^2。商场超市的主要用电设备有照明设备、中央空调、电梯及冰箱冷柜等设备，其中照明设备用电占商场超市用电总量的40%～50%，空调用电占25%～35%，照明和中央空调是最大的能耗类别。

（1）照明系统

照明设备包括电感式日光灯、电子式节能灯、T5灯具、金卤灯等，功率因数在0.5～0.8之间，存在无功损耗。照明系统能耗是商业零售行业的主要能耗，其特点是各类灯具多，品种多，单个灯具功率小，若针对每个灯具进行不合理改造，即使全部采用节能灯具，也会因为节能灯的质量导致使用寿命参差不齐，使得用户在选用节能灯时面临省电不省钱的局面。商场超市的变压器负载变化较大，自身损耗大，电压变化率高，照明灯具工作电压会普遍高于额定值，在增加电能损耗的同时，设备也容易因发热而过早损坏，缩短灯具寿命。

(2) 中央空调系统

中央空调系统一般占各类商用建筑能耗的40%以上，主要原因在于设计选型时至少预留了20%左右的余量，很少在满负荷状态下运行，造成空载能耗偏高。成立时间较久的商场超市，空调水循环系统一般都是在最大设计固定流量下工作，不随负荷变化而变化，无法达到主机、辅机和末端舒适温度三者合理动态调节，导致电能利用率低，电能浪费严重。另外，为了节省一次投资成本，系统缺少调控装置，导致风机、水泵长期处于最大流量运行状态，不能根据实际运行工况的负荷进行有效调节，产生不必要的能源浪费。

3.3.2 水资源消耗情况

目前，部分零售企业将节约用水贯穿于其节能环保的战略理念中，积极开展节水宣传教育。从2008年起各业态的年度用水量均有不同程度的下降，见表3-3。

表3-3 零售业2012～2014年度用水量比较

零售业态	2012年度用水量/(t/a)	2013年度用水量/(t/a)	2014年度用水量/(t/a)
百货店	29299.3	29200.6	28756.4
超市	29644.6	23381.8	22352.6
大型超市	25017.6	26298.5	24593.4
专业店	3997.9	2557.7	2064.5

3.3.3 物料消耗情况

目前，纸张、购物袋以及打印类设备（墨盒等）是北京市各大商场、超市最主要的消耗品，其中又以购物袋消耗为最主要消耗品。

以北京市某零售业企业为例，办公区每年消耗纸张100万张，墨盒150个。此外，各企业营业区塑料袋消耗均在15万个/年以上，消耗量较大；环保袋消耗量在7200～12000个/年之间。另外，营业区墨盒及打印纸带等收银设备也是耗材之一，墨盒消耗量为50～230个/年，打印纸带消耗量为240～18000个/年。

3.3.4 发展趋势

目前，国家不断加强对节能环保的宣传，同时政府职能部门、行业协会也加大了对企业的引导或管理力度，督促采用节能技术，降低电能损耗。如北京市出台《北京市商场超市节能改造资金管理实施办法》，对商场超市的节能改造加以扶持和鼓励。在节能减排、低碳绿色的浪潮下，部分零售企业已经率先开始行动。如沃尔玛、家乐福等零售巨头兴建了许多低碳或“零碳”超市，将一些节能新技术应用于其能源管理体系，优化能源结构，降低单位能源成本，打造绿色零售企业。许多零售巨头都通过运用先进技术手段和设备，控制门店各种硬件设施的使用，改善店面、仓储结构和屋顶采光建筑设计，有效提高门店的整体节能环保效率。通过这些节能技术及清洁生产技术所收获的低碳效益不仅降低了企业的经营费用，还给企业带来新的利益增长点，从而取得经济效益和社会效益“双赢”。

目前，我国商业零售企业正在探索节能，特别是节电办法，如灯的分区控制、采用变频技术、精确控制开业准备时间等。这些办法既有技术手段，也有管理手段。总体来看，目前国内大型零售企业一方面在节能改造方面积极行动；另一方面整个行业在绿色低碳行动上还处于起步阶段，商业零售行业实现清洁生产还存在问题和挑战。随着清洁生产技术的广泛应用，降低单位能源成本将得以实现，打造绿色零售企业将是未来的发展方向。

3.4 商业零售行业清洁生产潜力

3.4.1 照明系统

照明是商业零售行业主要的能源消耗类别，照明环境对商品促销的重要作用已为商业经营者所广泛应用，装饰设计师在对商业空间光环境的规划设计中也越来越讲究配合消费者的消费行为，提供舒适的购物照明环境。在一般的商业空间中，照明能耗已占到建筑总能耗的 30%～40%，庞大的能耗费用给经营者以巨大的经营压力，因此，商业零售行业的照明系统是具有较大清洁生产潜力的环节之一。

3.4.2 空调系统

为保证舒适的环境、必要的室内空气质量，空调系统将消耗大量能源。随着建筑物越来越多地设置集中式空调系统，由于它高额的初投资、昂贵的运行费、对温室气体排放量和臭氧层的影响，空调系统也是清洁生产的潜力之一，从而降低能耗和减少对环境的负面影响。我国的大型商场已超过800多家，而这800多家大型商场中设有中央空调系统的建筑面积约为1.5亿平方米，中央空调在改善和提高建筑内部环境质量的同时，也带来了巨大的能源消耗。

3.4.3 电梯

商业零售行业企业电梯拥有量大、能耗高，设备本身的特性存在一定程度的空载，造成了电能的损耗。随着城市化建设的加速，商业零售行业的不断发展，电梯的数量也将不断增长。目前商业零售行业仍存在延续使用高层建筑中高耗能的早期传统双速电梯和老式直流电梯的现象，经测算，如果所有在用电梯中60%采用节能电梯，全年可节约耗电152亿千瓦时。随着国家建筑节能法规的出台，节能电梯将成为未来的发展趋势。

3.4.4 水资源

随着商业零售行业企业规模不断扩大，客流量增加，水资源消耗也日益增多。调研中的商场超市主要用水为洗手水、冲厕水、清洁用水、中央空调冷却水等，水资源消耗较大，在商业零售行业实施清洁生产，以节约用水，避免水资源浪费。

3.4.5 废物

商业零售行业产生大量的废物垃圾，包括包装材料（包装袋、纸盒等）、办公用品（纸张、墨盒等）、过期商品及生活垃圾。蔬菜、水果进驻各大商场超市销售后，有机垃圾比例也明显上升，零售业要想实现可持续发展就必须利用一切有利条件，通过清洁生产手段，将不利的废物转化为有利的资源循环优势。

参考文献

[1] 王生金．零售业商业模式创新驱动力实证分析 [J]. 商业时代，2013，21：27-29.

[2] 郭丽萍．建筑设计与商场节能 [J]. 建筑遗产，2013，17：167.

[3] 夏开新．商场新风处理的节能分析和措施 [J]. 城市建设，2011，01：123-124.

[4] 侯震寰．商场变风量风机节能案例分析 [J]. 上海节能， 2009，2：11-13.

[5] 辛安．大型超市冷冻冷藏陈列柜应用现状和节能分析 [J]. 城市建设理论研究， 2014，6：1-5.

[6] 陈天及，李玉红，余克志．冷冻冷藏陈列柜的节能探讨 [J]. 制冷与空调， 2003，3 (6)：20-23.

[7] 徐锐．现代商场照明设计与节能控制 [J]. 建材与装饰， 2013，1：16-18.

[8] 李奔，张伟，李鹏伟．如何打造绿色商场节能商场的建议 [J]. 现代商业， 2015，14：32-33.

[9] 刘秀杰．基于全寿命周期成本理论的绿色建筑环境效益分析 [D]. 北京：北京交通大学，2012.

[10] 中国投资咨询网．2011 年中国商业零售行业分析及投资咨询报告．2012，8.

[11] 中国投资咨询网．2012 年中国商业零售行业分析及投资咨询报告．2013，8.

[12] 中国投资咨询网．2013 年中国商业零售行业分析及投资咨询报告．2014，8.

[13] 刘铮，等．结合北京市浅谈在我国第三产业中的商业零售行业推进清洁生产 [C]．第十届环境与发展论坛文集．

[14] 中国商业联合会，中华全国商业信息中心．2012 中国零售业发展报 [M]. 北京：中国统计出版社， 2012，9：15-18.

[15] 罗洪程．中国零售业状态数据解析 [M]. 长沙：中南大学出版社，2012.

第4章 商业零售行业清洁生产审核方法

4.1 清洁生产审核概述

4.1.1 清洁生产审核的概念

《清洁生产审核办法》（国家发展和改革委员会、国家环境保护总局令第 38 号）指出：清洁生产审核，是指按照一定程序，对生产和服务过程进行调查和诊断，找出能耗高、物耗高、污染重的原因，提出降低能耗、物耗、废物产生以及减少有毒有害物料的使用、产生和废弃物资源化利用的方案，进而选定并实施技术经济及环境可行的清洁生产方案的过程。

清洁生产审核是对审核主体现在的和计划进行的工业生产实行预防污染的分析和评估，是企业实行清洁生产的重要前提。

在实行预防污染分析和评估的过程中，制定并实施减少能源、水和原辅材料使用，消除或减少生产（服务）过程中有毒物质的使用，减少各种废物排放及其毒性的方案。

通过清洁生产审核，达到：

① 核对有关单元操作、原材料、产品、用水、能源和废物的资料；

② 确定废物的来源、数量以及类型，确定废物削减的目标，制订经济有效的削减废物产生的对策；

③ 提高审核主体对由削减废物获得效益的认识和知识；

④ 判定审核主体效率低的瓶颈部位和管理不善的地方；

⑤ 提高审核主体经济效益和产品质量。

4.1.2　清洁生产审核原理

清洁生产审核是指按照一定程序，对生产和服务过程进行调查和诊断，找出能耗高、物耗高、污染重的原因，提出减少有毒有害物料的使用、产生，降低能耗、物耗以及废物产生的方案，进而选定技术经济及环境可行的清洁生产方案过程。

清洁生产审核的对象是企事业单位，其目的有两个：一是判定企事业单位中不符合清洁生产的地方和做法；二是提出方案解决这些问题，从而实现清洁生产。

具体来说，清洁生产审核是借助物质流分析和能量流分析等技术手段，通过建立物料平衡、水平衡、能量平衡或污染因子分析，摸清物质流、能量流、废物流等流动方向、方式和数量，对企业从原辅材料和能源、产品、技术工艺、设备、过程控制、管理、员工八个方面进行系统的分析，深入分析物料损耗、能量损失、废物产生的原因，结合国内外先进水平，系统、全面又突出地进行分析，找出存在的差距和问题，制订解决存在问题的清洁生产方案，通过实施可行的清洁生产方案，最终达到节能、降耗、减污、增效的目的。

4.1.3　清洁生产审核程序

清洁生产审核程序应包括审核准备、预审核、审核、方案产生与筛选、方案的确定、方案的实施和持续清洁生产。

① 审核准备阶段应宣传清洁生产理念，成立清洁生产审核小组，制订审核工作计划。

② 预审核阶段应通过现场调查、数据分析等工作，评估商业零售行业企业清洁生产水平和潜力，确定审核重点，设置清洁生产审核目标，同时应实施无/低费清洁生产方案。

③ 审核阶段应通过水平衡、能量平衡等测试工作，系统分析能耗、物耗、废物产生原因，提出并实施无/低费方案。

④ 方案产生与筛选阶段应筛选确定清洁生产方案，核定与汇总已实施

无/低费方案的实施效果。

⑤ 方案的确定阶段应按照市场调查、技术评估、环境评估、经济评估的顺序对方案进行初步论证，确定最佳可行的推荐方案。

⑥ 方案的实施阶段应通过方案实施达到预期清洁生产目标。

⑦ 持续清洁生产阶段应通过完善清洁生产管理机构和制度，在商业零售行业企业建立持续清洁生产机制，达到持续改进的目的。

清洁生产审核各阶段工作内容见表 4-1。

表 4-1 清洁生产审核各阶段工作内容

序号	阶段	工作内容
1	审核准备	(1)取得领导支持； (2)组建审核小组； (3)制订审核工作计划； (4)开展宣传教育
2	预审核	(1)准确评估商业零售行业企业技术装备水平、产排污现状、资源能源消耗状况和管理水平、绿色消费宣传模式等； (2)发现存在的主要问题及清洁生产潜力和机会，确定审核重点； (3)设置清洁生产审核目标； (4)实施无/低费清洁生产方案
3	审核	(1)收集汇总审核重点的资料； (2)水平衡测试、能量测试； (3)能耗、物耗、废物产生分析； (4)提出并实施无/低费方案
4	方案产生与筛选	(1)筛选确定清洁生产方案，筛选供下一阶段进行可行性分析的中/高费方案； (2)核定与汇总已实施无/低费方案的实施效果
5	方案的确定	(1)对会造成服务规模变化的清洁生产方案，要进行必要的市场调查，以确定合适的技术途径和生产规模； (2)按技术评估→环境评估→经济评估的顺序对方案进行分析。技术评估不可行的方案，不必进行环境评估；环境评估不可行的方案，不必进行经济评估； (3)技术评估应侧重于方案的先进性和适用性； (4)环境评估应侧重于方案实施后可能对环境造成的不利影响(如污染物排放量增加、能源资源消耗量增加等)； (5)经济评估应侧重于清洁生产经济效益的统计，包括直接效益和间接效益
6	方案的实施	(1)清洁生产方案的实施程序与一般项目的实施程序相同，参照国家、地方或部门的有关规定执行； (2)总结方案实施效果时，应比较实施前与实施后，预期和实际取得的效果； (3)总结方案实施对商业零售行业企业的影响时，应比较实施前后各种有关单耗指标和排放指标的变化
7	持续清洁生产	(1)建立和完善清洁生产组织； (2)建立和完善清洁生产管理制度； (3)制订持续清洁生产计划； (4)编制清洁生产审核报告

4.2 审核准备阶段技术要求

审核准备阶段需要成立清洁生产审核小组；制订审核工作计划；宣传清洁生产理念，消除思想障碍，调动全体员工参与清洁生产审核的积极性。

主要工作内容如下。

（1）取得领导支持

利用内部和外部的影响力，及时向企业领导宣传和汇报，宣讲清洁生产审核可能给企业带来的经济效益、环境效益、社会效益、无形资产的提高和推动技术进步等诸方面的益处，讲解国家和地方清洁生产相关政策法规，介绍国内外其他商业零售企业推行清洁生产工作的成功实例，以取得企业高层领导的支持。

（2）组建审核小组

根据企业规模大小，成立清洁生产审核领导小组和工作小组。

① 组长：应由总经理直接担任，或由其任命主管能源环保或工程、后勤的副总经理担任。

② 成员：要求具备清洁生产审核知识，熟悉超市、商场等零售业运营、管理、服务等情况。

（3）制订审核工作计划

计划包括工作内容、进度、参与部门、负责人、产出等。

（4）开展宣传教育

利用企业现行各种例会或专门组织宣传培训班，采取专家讲解、电视录像、知识竞赛、参观学习等方式，对全体员工或分批次进行宣传教育。应注重员工持续宣传教育工作。主要内容应包括但不限于清洁生产概念、来源、我国清洁生产政策法规、商业零售行业产业政策和环境保护法规标准、国家和地方节能减排鼓励政策、清洁生产审核程序及方法、典型清洁生产方案、能源环境管理制度建设及执行方式等。

4.3 预审核阶段技术要求

预审核是清洁生产审核的初始阶段，是发现问题和解决问题的起点。要求明确行业主要绩效考核指标，利用企业现有数据，确定企业绩效基准，以便对审核效果的最终认定提供依据和基准数据。结合行业清洁生产评价标准对企业清洁生产整体水平和分项指标进行综合评价。

4.3.1 目的和要求

预审核阶段的目的是对企业的全貌进行调查分析，发现其主要存在的问题及清洁生产机会，如物料消耗大、运营服务效率低、排放量大等，从而确定本轮审核的重点。针对审核重点和全厂设置清洁生产目标。选择审核重点的原则是在短期内获得更多的经济效益，即通过实施投入少、见效快的一批无/低费方案提高企业的经济效益和员工素质，增强清洁生产审核工作的信心。

4.3.2 现状分析

（1）概况

包括企业基本信息和主要经营信息、地理位置、建筑基本信息（如层高、占地面积、建筑面积、空调面积、采暖面积、绿化面积、地下车库面积、外围设施等）、组织机构等情况。

（2）运营状况

说明商业零售行业的主要服务形式、客流量、营业收入等基本情况；分析商业零售行业的服务流程。

（3）主体建筑和设备状况

说明围护结构使用的建筑材料、建筑的自然采光情况、企业采用的环境方针等；说明基础设施的基本情况（包括设备位置、功率、数量、运行时间、运行费用），如围护结构、通信及供配电系统、中央空调系统、给排水系统、消防系统、电梯、供暖系统等；由于空调系统和供暖系统为其重点耗能单位，需说明空调方式，统计空调系统主要耗能设备（如冷冻机、冷却塔、冷冻泵、冷却泵等）和相应设备的参数等，统计供暖系统主要耗能设备（如换热器、热水循环泵等）和相应设备的参数等；并关注空调制冷剂的类型，是否对环境产生不利影响。

（4）资源能源利用情况

统计近3年逐月用能种类（电力、市政热力、燃气、燃油等），水、能源消耗量，计算单位面积能源消耗量、营业收入、客流量；分析重点环节能耗、水耗情况；说明地热能、太阳能等可再生能源的使用情况。

（5）原辅材料消耗情况

分析原辅材料（购物袋、包装盒、包装袋等）消耗情况，分析削减易耗品消耗量的措施。

（6）环境保护状况

包括废水和废气产排污、固体废物处理处置情况等；如使用锅炉，应说明锅炉基本情况，包括锅炉型号、煤炭使用量、煤质情况（硫含量、发热量等）、锅炉废气的处理和排放情况、炉渣处理处置情况；应分析废水、废气、固体废物排放总量。

（7）节能环保技术应用情况

应说明节能灯/LED灯使用情况、节水器具使用情况、中水系统使用情况（包括中水水源、处理技术、处理量、回用量、回用方向等）等。

（8）绿色消费情况

说明倡导低碳节能消费情况，如是否在商场超市显著位置提醒客人节能减排等。

（9）管理状况

包括原材料采购、储存、加工等全过程管理状况，环境管理体系执行情况，员工节能环保意识水平等。

（10）第三方管理

应说明企业对相关服务方管理情况。

4.3.3 现状分析方法

主要现状调研方法包括：查阅设计图纸、设备清单等；查阅各项记录、原辅材料采购报表、水耗表、能耗表、设备运行记录表、废物储存运输报表、环境监测表、事故记录表、检修记录等；与企业各级别工作人员座谈，了解并核查经营服务过程主要存在的问题，听取意见和建议，筛选关键问题和工序，征集无/低费方案。

4.3.4 评价产排污情况及能源资源消耗水平

在资料调研、现场考察及专家咨询的基础上，对比国内外先进商业零售行业的经营、能耗、环境保护状况、管理方式，对企业现状进行初步评估。

在国内外商业零售行业节能环保水平和本企业节能环保现状调查基础上，对差距进行初步分析。评价企业在现有设备和管理水平下，能源资源消耗和产污排污状况的真实性、合理性以及相关数据的可信性；填写企业污染物产生原因分析表。

对照《绿色建筑评价标准》(GB/T 50378)、《公共生活取水定额 第8部分：商场》(DB11/ 554.8)、北京市《绿色建筑评价标准》(DB11/T 825) 等相关指标，评价企业产业政策符合性和清洁生产水平。对照《用能单位能源计量器具配备和管理通则》(GB 17167) 评价能源计量器具配备情况。

评价企业执行国家及属地环保法规、行业排放标准的情况，包括达标排放情况、环保处罚情况等。根据废水排放去向，执行《水污染物排放标准》(DB11/ 307)；锅炉废气排放执行《锅炉大气污染物排放标准》(DB11/ 139)；噪声控制执行《社会生活环境噪声排放标准》(GB 22337)；固体废物处理处置执行《危险废物贮存污染控制标准》(GB 18597)、《一般工业固体废物贮存、处置场污染控制标准》(GB 18599) 等。

4.3.5 确定审核重点

根据收集的有关信息，将商业零售行业运营管理过程的若干问题或环节作为备选审核重点。审核重点应包括但不限于：

① 重点能耗环节（如空调系统、供暖系统、照明系统、动力系统、电梯系统、楼宇自控系统等）；

② 重点水耗环节（如空调系统、卫生间、茶水间、商场超市等日常清洁等）；

③ 固体废物的处理处置；

④ 一次性用品的来源和使用量；

⑤ 其他有明显清洁生产机会的环节。

4.3.6　清洁生产目标设置

清洁生产目标是定量化、可操作并有激励作用的指标。要求不仅有减污、降耗或节能的绝对量，还要有相对量指标，并与现状对照。

商业零售行业企业可参考行业清洁生产标准的指标设置企业的目标。根据指标体系所列的指标，按照规定的计算方法，根据已收集到的数据计算被审核企业现有的指标值。

将企业现状与清洁生产评价指标体系基准值进行对比，这时有两种情况：一是企业有些生产指标好于评价基准值，可根据企业的实际情况和企业的规划制订目标值；二是企业现状差于评价基准值，此时可根据基准值制订目标值。

清洁生产目标应分为近期目标和中远期目标。商业零售行业清洁生产目标应包括但不限于：

① 单位建筑面积取水量；

② 单位建筑面积综合能耗；

③ 单位建筑面积废水产生量；

④ 再生水循环利用率；

⑤ 能源计量器具配备率；

⑥ 包装废物回收利用。

4.3.7　提出和实施无/低费方案

根据从原辅材料和能源替代、技术工艺改造、设备维护和更新、过程优化控制、产品更换或改进、废物回收利用和循环使用、改进管理、员工素质的提高以及积极性的激励八个方面进行的原因分析，考虑企业内不需投资或投资很少、容易在短期内见效的无/低费清洁生产方案，边提出、边实施并及时总结加以改进。审核小组要鼓励员工提出有关清洁生产的合理化建议，并实施明显可行的无/低费方案。

4.4　审核阶段技术要求

4.4.1　目的和要求

第一阶段的主要目的是在一个企业中启动清洁生产审核。众所周知，清洁生产审核是一项综合性很强的工作，它涉及企业的各个部门，获得领导的支持至关重要，特别是企业最高管理者的支持，因为企业是由最高管理者进行全权负责的。同时，建立一个高素质的审核小组也是企业成功开展清洁生产审核的保障。

4.4.2 工作内容

4.4.2.1 水平衡测试

商场应重点关注空调、盥洗、冷却塔补水、冲厕、保洁、绿化等环节。

通过水平衡测试，应计算测试期间的单位建筑面积取水量、间接冷却水循环率、中水回用率等指标。

参照国家和地方相关取水定额等标准进行对标分析；商场单位建筑面积取水量应参照北京市地方标准《公共生活取水定额　第 8 部分：商场》(DB11/ 554.8) 和《清洁生产评价指标体系　商业零售业》(DB11/T 1266)。

商场水平衡测试示意可参见图 4-1。

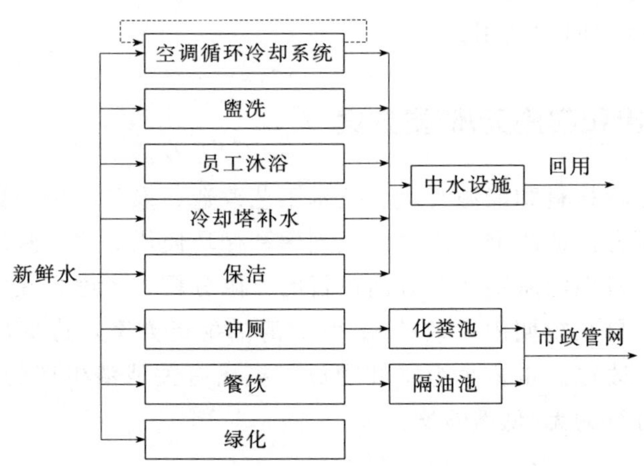

图 4-1　商场水平衡测试示意

大型超市应重点关注中央空调、食品冷冻冷藏、食品制作加工等环节。

通过水平衡测试，应计算测试期间的单位建筑面积取水量、中水回用率等指标。

大型超市水平衡测试示意可参见图 4-2。

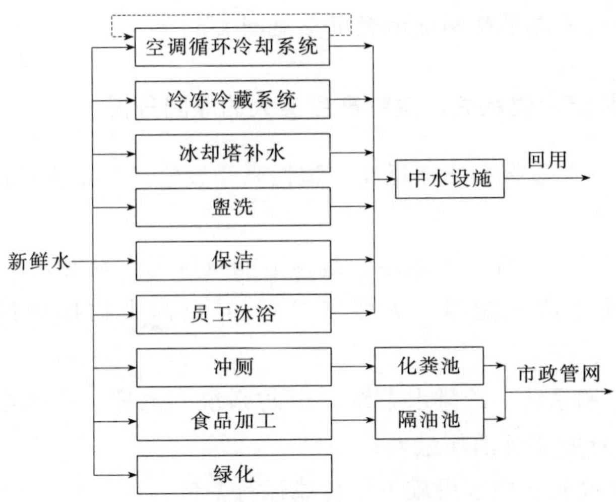

图 4-2　大型超市水平衡测试示意

4.4.2.2　能量平衡测试

商业零售行业消耗的能源品种主要包括电力、热力、天然气等。

根据商业零售行业实际情况以及审核工作的需要，进行必要的能量测试，可重点开展电平衡测试，也可选择冬季开展热平衡测试。

通过能量平衡测试，应计算测试期间的单位建筑面积电耗、单位建筑面积综合能耗等指标。

参照国家和地方相关能耗限额等标准进行对标分析。商业零售行业单位建筑面积电耗应参照北京市地方标准《商场、超市能源消耗限额（征求意见稿)》和《清洁生产评价指标体系　商业零售业》(DB11/T 1266)。

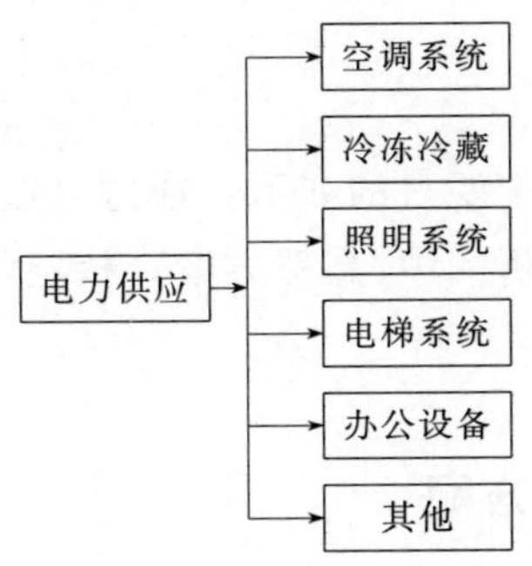

图 4-3　商业零售行业电平衡测试示意

商业零售行业电平衡测试示意可参见图 4-3。

4.4.2.3 能耗高、物耗高、废物产生量大的原因分析

系统分析商业零售企业能耗高、物耗高和废物产生量大的原因，主要原因包括但不限于：

① 原始设计不合理，导致运营过程节能减排工作难度大；

② 未能使用清洁能源（天然气等），导致污染物排放量大，综合能耗高；

③ 中央空调系统、给排水系统、消防系统、电梯、供暖系统等设备陈旧老化，导致资源能源消耗量大；

④ 无中水设施、中水设施不运行或运行率低；

⑤ 节水器具安装率低，存在使用淘汰设备等现象；

⑥ 水、电等计量仪表不完善，不能对企业水耗、电耗等进行定量分析；

⑦ 包装废物产生量大，废物资源利用率低；

⑧ 一次性易耗品（如购物袋等）消耗量大；

⑨ 宣传方式欠缺，尚未引导消费者合理消费，不能有效倡导绿色消费模式；

⑩ 能源环境管理体系不健全，无相关制度、机构和专职人员；

⑪ 培训力度低，员工节能减排意识差；

⑫ 第三方能源环保管理能力低，尚未实现绿色供应链管理模式等。

4.5 方案产生与筛选阶段技术要求

4.5.1 目的和要求

方案产生与筛选阶段主要目的如下：通过筛选确定清洁生产方案，筛选供下一阶段进行可行性分析的中/高费方案；核定与汇总已实施无/低费方案的实施效果。

4.5.2 常见清洁生产方案

商业零售行业常见清洁生产方案如表 4-2 所列。

表 4-2　商业零售行业常见清洁生产方案

序号	部位和过程	清洁生产方案
1	照明设备及系统	(1)科学安装照明设备,避免设备浪费; (2)使用节能灯具,建议选用 LED 灯具,柜台、橱窗内采用节能灯; (3)走廊等公共区域需常开的照明灯具宜采用低功率节能灯,大面积集中照明区域采用分区照明,加装照明节电器; (4)照明灯安装高效能的反光罩,使电灯的光投射到指定部位,使其有效地利用; (5)景观照明可根据相应时间减少照明灯具开启数量; (6)场地周边路灯优先采用新能源路灯,如风光互补发电路灯; (7)定期清扫和擦洗照明装置表面及反射面,更换损坏的光源
2	暖通空调系统	(1)空调制冷温度设置不低于 26℃; (2)空调每年至少清洗一次; (3)选用高效冷却塔,冷却塔安装位置保证通风良好,周围无遮挡,保持良好的散热环境;多台冷却塔并联运行时,充分利用冷却塔换热面积,使冷却塔出水温度接近室外湿球温度;冷却塔风机采用变频运行时,采用冷却塔联合变频技术; (4)空调机组建议选用变风量系统,减少电能支出; (5)采用锅炉房供暖、供热水情况下,锅炉运行效率不低于《公共建筑节能改造技术规范》(JGJ 176—2009)所规定的限值; (6)锅炉房、空调机房的风机、水泵、循环泵采用自动控制变频调速等技术,使设备处于经济高效运行状态,通过智能控制做到实时调整空调的运行状态,改善三相电流不平衡、部分负载功率因数偏低等现象
3	电梯	(1)加强节能环保宣传,提倡多人共用一部电梯以减少电耗; (2)可根据实际情况进行电梯节能改造,保证安全的同时节能运行; (3)电梯机房应有警告牌,应明确说明客流量、用电负载等信息
4	冷冻冷藏设备	(1)制冷系统采用冷凝热回收技术,减少冷凝设备负荷,提倡冷热电联产的技术; (2)采用变频压缩机节能; (3)科学合理安排设备使用,避免无效运行; (4)采购国家认可的设备及相关配件
5	给排水系统	(1)引入市政中水,用于冲厕及场地喷洒等; (2)建议设置雨水回收系统,用于园林绿化、花草种植及道路除尘等; (3)采用节水器具,洗手间内全部采用感应式洁具及水龙头; (4)给水设备采用变频给水设备; (5)内部职工洗浴热水淋浴器采用刷卡式智能控制系统; (6)日常清洁工作时节约用水
6	办公设备	(1)加强办公设备管理,及时关闭不使用的设备; (2)采购有利于环保的可自动待机设备,节能同时也可延长设备使用寿命; (3)提倡电子办公,减少纸张使用,使用再生纸,纸张双面打印
7	天然气的使用	(1)做好管道和设备密封性定时检查; (2)合理控制出水温度和出水时间,减少燃料使用和热损失; (3)改进燃料设备,提高热转化效率; (4)定时清洗锅炉水垢,减少燃料浪费

续表

序号	部位和过程	清洁生产方案
8	固体废物	(1)建立并执行废物分类收集管理制度； (2)加强包装材料回收利用； (3)电池、墨盒等有毒废物应当分别单独收集，或委托专门处理企业进行处理
9	餐饮	(1)尽量采购干净菜；用容器洗涤，避免长流水； (2)使用利于环境的洗涤剂、消毒剂； (3)使用清洁燃料； (4)油烟不得无组织排放，排放的油烟必须符合国家及地方标准； (5)食品加工环节需符合相关要求，废弃油脂管理及处理处置符合有关规定； (6)污水排入环境水体的企业必须建立污水处理设施，达标后排放；污水排入城市排水管网的餐饮企业须设置隔油和残渣过滤装置，达标后排放；建立中水系统
10	设备维护	(1)定期进行设备和配件的维修、保养、更换，保证设备正常工作，避免因设备故障造成电能损耗； (2)在电梯等动力设备方面，加大设备润滑管理，安排专人按时检查设备的运行润滑情况，及时管理维修，减少额外电耗； (3)定时检查水电管线的完好正常，杜绝水电的各种"跑、冒、滴、漏"现象，减少浪费
11	日常管理	(1)按照《用能单位能源计量器具配备和管理通则》要求配备能源计量器具，特别是主要次级用能单位和主要用能设备应严格按要求加装能源计量器具； (2)建立清洁生产管理制度，制订能源消耗计量和统计管理制度，建立能源消耗统计以及能源计量器具台账； (3)开展清洁生产考核，根据各部门水电等能耗指标，采取奖惩措施，建立奖励机制，激发员工清洁生产工作积极性； (4)明确各部门节能降耗负责人，实行责任制，保证各项清洁生产措施的持续落实，以取得实际效果

4.6 实施方案的确定阶段工作要点

4.6.1 目的和要求

方案确定阶段需要按技术评估→环境评估→经济评估的顺序对方案进行分析。技术评估不可行的方案，不必进行环境评估；环境评估不可行的方案，不必进行经济评估。技术评估应侧重于方案的先进性和适用性。环境评估应侧重于方案实施后可能对环境造成的不利影响（如污染物排放量增加、能源资源消耗量增加等）。经济评估应侧重于清洁生产经济效益的统计，包括直接效益和间接效益。

4.6.2　工作内容

市场调查需要进行市场需求调查和预测，确定备选方案和技术途径。

① 技术评估要求分析：工艺路线、技术设备的先进性和适用性；国家、行业相关政策的符合性；技术的成熟性、安全性和可靠性。

② 环境评估需要分析：能源结构和消耗量的变化；水资源消耗量的变化；原辅材料有毒有害物质含量变化；废物产生量、排放量和毒性的变化，废物资源化利用变化情况；一次性消耗品减量化情况；操作环境是否对人体健康造成影响。

③ 经济评估需要采用现金流量分析和财务动态获利性分析方法，评价指标应包括但不限于以下内容：投资偿还期；净现值；净现值率；内部收益率。

可实施方案推荐应当汇总比较各投资方案的技术、环境、经济评估结果，确定最佳可行的推荐方案。

4.7　清洁生产方案实施阶段技术要求

4.7.1　目的和要求

清洁生产方案的实施程序与一般项目的实施程序相同，参照国家、地方或部门的有关规定执行。总结方案实施效果时，应比较实施前与实施后，预期和实际取得的效果。总结方案实施对商业零售企业的影响时，应比较实施前后各种有关单耗指标和排放指标的变化。

4.7.2　工作内容

工作程序包括：

① 组织方案实施；

② 汇总已实施的无/低费方案的成果；

③ 通过技术评价、环境评价、经济评价和综合评价，评估已实施的中/

高费方案的成果；

④ 通过汇总环境效益和经济效益，对比各项清洁生产目标的完成情况，评价清洁生产成果，分析总结已实施方案对企业的整体影响。

4.8 持续清洁生产阶段技术要求

4.8.1 目的和要求

持续清洁生产阶段的主要目的是在商业零售行业内完善清洁生产管理体系，及时将审核成果纳入有关操作规程、技术规范和其他日常管理制度，巩固成效，持续推进。

4.8.2 工作内容

① 建立和完善清洁生产组织，明确职责、落实任务，并确定专人负责。

② 建立和完善清洁生产管理制度，把审核成果及时通知商场内各租户，并将其纳入商场的日常管理；保证稳定的清洁生产资金来源，从企业内部、金融机构、政府财政等方面获取资金。

③ 制订持续清洁生产计划，包括：下一轮清洁生产审核工作计划；清洁生产方案的实施计划；清洁生产新技术的研究与开发计划（可包括但不限于以下内容：中央空调节能技术、绿色照明技术、机电设备变频技术、智能化能源管理技术、中水回用技术、包装废物回收利用、固体废物循环利用）；清洁生产培训宣传计划等。

④ 编制清洁生产审核报告。编制清洁生产审核报告的目的在于总结本轮清洁生产审核成果，汇总分析各项调查、实测结果，寻找废物产生原因和清洁生产机会，实施并评估清洁生产方案，建立和完善持续推行清洁生产机制。报告时间为本轮审核全部完成之时。

4.9 清洁生产审核工作清单

商业零售行业清洁生产审核检查工作清单如表 4-3 所列。

表 4-3　商业零售行业清洁生产审核检查工作清单

项目	检查结果
①是否使用清洁能源、燃料	
②是否使用国家明令淘汰设备	
③所使用资源种类是否符合国家绿色资源推广使用要求	
④是否使用有能效标示的设备、级别	
⑤水、电等计量系统是否按不同用途安装	
⑥如有中央空调,是否进行定期清洗	
⑦照明灯具是否使用节能灯,是否使用 LED 节能灯	
⑧室内照度和照明功率密度等指标是否符合要求	
⑨炉具是否符合节能要求	
⑩污水排放去向,执行什么标准	
⑪是否按标准执行餐饮油烟处理	
⑫是否执行垃圾分类处理,垃圾的处理处置情况	
⑬是否执行减噪措施,执行什么标准	
⑭是否安装智能节水控制器	
⑮是否有防潮措施	
⑯是否建立中水回用系统及铺设相应管道	
⑰节水器具应用情况,是否符合国家或地方要求	
⑱是否有雨水收集系统	
⑲消防设施是否使用清洁灭火剂	
⑳是否有宣传措施倡导绿色消费	
㉑是否有措施提倡、执行适度包装	
㉒是否免费提供一次性包装袋	
㉓是否发生环境投诉事件	
㉔是否回收再利用办公用品	
㉕是否有定期的全员培训机会和清洁生产培训内容	
㉖是否制订长期的清洁生产计划	
㉗是否建立固废收集登记管理系统	
㉘是否建立污染物登记管理制度	
㉙是否建立能耗统计分析、成本核算	
㉚是否具有健全的设备维护保养制度,职责是否明确到人	
㉛是否定期检查资源能源使用设备以防“跑、冒、滴、漏”	
㉜是否建立岗位责任制,是否建立奖惩制度	

参考文献

[1] 周金泉，殷星兰．浅谈企业清洁生产与环境保护［J］．大众科技，2005（8）：149-151.

[2] 康慧萍．清洁生产是实现可持续发展的基础［J］．山西能源与节能，2006（1）：22-23.

[3] 刘小冲，杨勇，金文．论如何推进清洁生产与可持续发展［J］．西安航空技术高等专科学校学报，2006，24（1）：40-42.

[4] 孙大光，杨旭海．企业持续清洁生产的保障措施［J］．江苏环境科技，2004，17（2）：46-48.

[5] 田野．企业清洁生产应把握的关键环节［J］．环境科学与技术，2005，28：84-86.

[6] 叶新，李汉平．保障清洁生产审核取得成效的基本规范探讨［J］．环境污染与防治，2010，32（2）：106-109.

[7] 李庆华，尚艳红．清洁生产审核中绩效评价方法的探讨［J］．环境科学与管理，2007，32（8）：192-194.

[8] 刘玫．企业清洁生产审核的标准化探讨［J］．环境与可持续发展，2009，34（4）：1-3.

[9] 张继伟，李多松．清洁生产审核中方案的经济可行性评估解析［J］．中国石油大学学报（社会科学版），2008，24（4）：28-31.

第5章 商业零售行业评价指标体系及评价方法

5.1 指标体系概述

《清洁生产评价指标体系　商业零售业》（DB11/T 1266—2015）（后简称《指标体系》）规定了北京地区商业零售行业（商场、超市）清洁生产评价指标体系、评价方法、指标计算方法及数据来源。

《指标体系》适用于北京市商业零售行业的清洁生产审核、评估和绩效评价工作，包括营业面积10000m^2以上的商场、2000m^2以上的超市，其他可参照执行。

5.2 指标体系技术内容

5.2.1 标准框架

《清洁生产评价指标体系　商业零售业》（DB11/T 1266—2015）的制定参照了《清洁生产评价指标体系编制通则》（试行稿）（2013年第33号公告），其主要框架包括8个方面的内容：a. 前言；b. 适用范围；c. 规范性引用文件；d. 术语和定义；e. 评价指标体系；f. 评价方法；g. 指标解释与数据来源；h. 参考文献。

5.2.2 技术内容

商业零售行业清洁生产评价指标体系见表 5-1。

表 5-1 商业零售行业清洁生产评价指标体系

序号	一级指标	一级指标权重	二级指标	单位或比率	二级指标权重	Ⅰ级基准值 100	Ⅱ级基准值 [80,100)	Ⅲ级基准值 [60,80)
1	装备指标	26	供暖空调系统	—	2	空调系统的冷热源机组能效比比 GB 50189 规定的提高 6%	空调系统的冷热源机组能效比比 GB 50189 规定的提高 3%	空调系统的冷热源机组能效比符合 GB 50189 的规定
				—	2	空调水系统的输送能效比不高出 GB 50189 中规定值的 80%	空调水系统的输送能效比不高出 GB 50189 中规定值的 90%	空调水系统的输送能效比符合 GB 50189 中规定值
				—	2	空调通风系统的风机单位风量耗功率不高于 GB 50189 中规定值的 80%	空调通风系统的风机单位风量耗功率不高于 GB 50189 中规定值的 90%	空调通风系统的风机单位风量耗功率符合 GB 50189 中规定值
				—	1	采用分布式热电冷联供技术		
				—	1	严格按照国家标准对温度进行控制，夏季不低于 26℃，冬季不高于 20℃		
				—	1	严格执行空调能效标识制度(2 级及以上)；采取加装变频器等方式，积极实施空调节能改造		严格执行空调能效标识制度(2 级及以上)
			照明系统	—	1	照明标准值符合 GB 50034 规定		
				—	2	公共区域或场所的照明功率密度值不高于 GB 50034 规定的目标值。在满足眩光限制和配光要求条件下，灯具效率不应低于 GB 50034 规定		公共区域或场所的照明功率密度值不高于 GB 50034 规定的现行值。在满足眩光限制和配光要求条件下，灯具效率不应低于 GB 50034 规定
				—	2	照明按区域采用智能自动化分区、分组节电控制措施		照明具有一般节电控制措施
				—	2	节能灯具使用率达 100%	节能灯具使用率达 80%	节能灯具使用率达 50%

续表

序号	一级指标	一级指标权重	二级指标		单位或比率	二级指标权重	Ⅰ级基准值 100	Ⅱ级基准值 [80,100)	Ⅲ级基准值 [60,80)
1	装备指标	26	冷冻冷藏系统		—	2	冷库、冰柜、冰箱等冷冻冷藏系统的供电线路上应加装智能型节电控制装置或采取其他节电措施，冷冻冷藏设备加装智能型节电控制装置		
					—	1	冷库的设计应符合 GB 50072 的规定与要求		
			给排水系统		—	2	合理选用节水器具，符合 CJ 164 的要求，安装率达到 100%		
					—	1	建筑面积 $20000m^2$ 以上的企业配套建设中水设施，$20000m^2$ 以下的企业应积极采取中水回用		
					—	1	建立雨水收集利用系统		
			电梯		—	2	选用节能电梯及自动扶梯，采用变频控制等技术，采取分区、分时等运行方式		选用节能电梯及自动扶梯
			消防设备		—	1	消防器材应使用清洁灭火剂		
2	资源能源消耗指标	21	单位面积电耗①	商场	$kW \cdot h/m^2$	7	≤174	≤245	≤275
				超市			≤60	≤87	≤95
			单位面积综合能耗（按标煤计）①	商场	kg/m^2	7	≤31.2	≤41	≤45
				超市			≤8.5	≤12	≤13
			单位面积新鲜水耗①	商场	m^3/m^2	5	≤1.7	≤1.8	≤1.9
				超市			≤2.3	≤2.4	≤2.5
			办公耗材		—	2	建立并有效执行办公用品绿色采购制度，利用信息技术实现无纸化办公		具有办公用品绿色采购及使用制度并积极组织落实，利用信息技术倡导无纸化办公
3	资源综合利用指标	9	包装废物回收利用		—	5	建立并执行包装废物回收利用、包装废物减量化制度，100%回收包装废物		100%回收包装废物
			非传统水源利用		—	4	采用非传统水源冲厕、绿化灌溉、道路冲洗等，非传统水源利用率≥35%	采用非传统水源冲厕、绿化灌溉、道路冲洗等，非传统水源利用率≥25%	采用非传统水源冲厕、绿化灌溉、道路冲洗等，非传统水源利用率≥20%

续表

<table>
<tr><th>序号</th><th>一级指标</th><th>一级指标权重</th><th colspan="2">二级指标</th><th>单位或比率</th><th>二级指标权重</th><th>Ⅰ级基准值 100</th><th>Ⅱ级基准值
[80,100)</th><th>Ⅲ级基准值
[60,80)</th></tr>
<tr><td rowspan="6">4</td><td rowspan="6">污染物产生与排放指标</td><td rowspan="6">14</td><td rowspan="2">废水产生量</td><td>商场</td><td>m³/m²</td><td rowspan="2">5</td><td>≤1.44</td><td>≤1.53</td><td>≤1.61</td></tr>
<tr><td>超市</td><td>m³/m²</td><td>≤1.95</td><td>≤2.0</td><td>≤2.12</td></tr>
<tr><td colspan="2">废水</td><td>—</td><td>4</td><td colspan="3">废水排放符合 DB11/307 规定</td></tr>
<tr><td colspan="2">废气</td><td>—</td><td>3</td><td colspan="3">废气排放符合 DB11/501 规定，若有油烟排放执行《饮食业油烟排放标准》(GB 18483)</td></tr>
<tr><td colspan="2">噪声</td><td>—</td><td>2</td><td colspan="2">符合《声环境质量标准》(GB 3096)规定，对临时噪声源采取有效防治对策消除或减弱噪声干扰</td><td>符合《声环境质量标准》(GB 3096)</td></tr>
<tr style="display:none"></tr>
<tr><td rowspan="2">5</td><td rowspan="2">服务指标</td><td rowspan="2">4</td><td colspan="2" rowspan="2">绿色服务</td><td>—</td><td>2</td><td colspan="3">制订绿色服务规范，倡导绿色消费</td></tr>
<tr><td>—</td><td>2</td><td colspan="3">在人员推销、广告宣传、公共关系和营业推广等促销活动中，融入环保意识</td></tr>
<tr><td rowspan="4">6</td><td rowspan="4">清洁生产管理指标</td><td rowspan="4">26</td><td colspan="2">清洁生产审核</td><td>—</td><td>3</td><td>开展了清洁生产审核，中/高费方案实施率≥80%，节能、降耗、减污取得显著成效</td><td>开展了清洁生产审核，中/高费方案实施率≥50%，节能、降耗、减污取得明显成效</td><td>制订开展清洁生产审核工作计划</td></tr>
<tr><td colspan="2">清洁生产组织机构及管理制度</td><td>—</td><td>2</td><td colspan="2">建有专门负责清洁生产的领导机构，各成员单位及主管人员职责分工明确；建立并有效执行清洁生产管理制度，制订清洁生产工作计划并认真组织落实，持续开展清洁生产</td><td>建有兼职负责清洁生产的领导机构，配备专职人员；具有健全的清洁生产管理制度，制订清洁生产工作计划并落实，持续开展清洁生产</td></tr>
<tr><td colspan="2" rowspan="2">能源管理</td><td>—</td><td>2</td><td>有健全的能源管理机构及管理制度，各成员单位及主管人员职责分工明确并有效发挥作用；建立能源管理体系并有效运行</td><td>有健全的能源管理机构及管理制度，各成员单位及主管人员职责分工明确并有效发挥作用；制订能源管理规划和年度工作计划并组织落实</td><td>有基本的能源管理机构及管理制度，配备专职人员；制订能源管理年度工作计划并组织落实</td></tr>
<tr><td>—</td><td>2</td><td>能源计量器具配备率符合 GB/T 17167 三级计量要求</td><td colspan="2">能源计量器具配备率符合 GB/T 17167 二级计量要求</td></tr>
</table>

续表

<table>
<tr><th>序号</th><th>一级指标</th><th>一级指标权重</th><th>二级指标</th><th>单位或比率</th><th>二级指标权重</th><th>Ⅰ级基准值 100</th><th>Ⅱ级基准值
[80,100)</th><th>Ⅲ级基准值
[60,80)</th></tr>
<tr><td rowspan="11">6</td><td rowspan="11">清洁生产管理指标</td><td rowspan="11">26</td><td rowspan="2">能源管理</td><td>—</td><td>1</td><td colspan="3">定期开展能量平衡测试，按 DB11/T 1160 评价用电情况</td></tr>
<tr><td>—</td><td>1</td><td colspan="2">按照 GB/T 12452 规定，2 年进行一次水平衡测试</td><td>按照 GB/T 12452 规定，5 年进行一次水平衡测试</td></tr>
<tr><td rowspan="8">环境管理</td><td>—</td><td>2</td><td colspan="3">严格执行《商品零售场所塑料购物袋有偿使用管理办法》，鼓励消费者使用环保购物袋</td></tr>
<tr><td>—</td><td>2</td><td colspan="2">按照 GB/T 24001 建立并有效运行环境管理体系，环境管理程序文件及作业文件齐备</td><td>具有健全的环境管理体系和完备的管理文件</td></tr>
<tr><td>—</td><td>2</td><td colspan="3">使用垃圾分类收集设备，垃圾采用分类包装处理。如有餐饮区域，应将餐厨垃圾和非餐厨垃圾分开收集，餐厨垃圾中的厨余垃圾和废弃食用油脂应当分别单独收集，委托有资质机构集中处理，涉及危废必须委托国家认可资质的处理单位单独处理</td></tr>
<tr><td>—</td><td>2</td><td colspan="3">按照有关部门要求进行环境监测和信息公开</td></tr>
<tr><td>—</td><td>1</td><td colspan="3">建立并有效运行职业健康和安全管理体系，符合 GB/T 28001 规定</td></tr>
<tr><td>—</td><td>2</td><td colspan="2">建立绿色供应链，选择绿色信誉好的供应商，主要商品供应商已开展清洁生产审核</td><td>建立绿色供应链，选择绿色信誉好的供应商</td></tr>
<tr><td>—</td><td>2</td><td colspan="3">对第三方物流等相关服务方提出能源环保管理要求，符合相关法律法规标准要求</td></tr>
<tr><td>环境风险</td><td>—</td><td>2</td><td colspan="3">按照国家相关规定要求，制订企业环境风险应急预案，应急设施齐备，定期开展环境应急演练</td></tr>
</table>

① 限定性指标。

5.3 指标体系技术依据

5.3.1 装备要求

5.3.1.1 供暖空调系统

随着科技发展，目前部分空调采暖系统设备的效率高于《公共建筑节能设计标准》（GB 50189）的规定值，因此需要对设备能耗提出更高要求。目前《公共建筑节能设计标准》的冷水机组的规定参照《冷水机组能效限定值及能源效率等级》（GB 19577）中的标准，活塞/涡旋式采用第 5 级，水冷离心式采用第 3 级，螺杆机则采用第 4 级。单元数空调调节机的规定值为《单元式空气调节机能效限定值及能源效率等级》（GB 19576）的 4 级标准，《多联式空调（热泵）机组能效限定值及能源效率等级》（GB 21454）的 3 级标准。《指标体系》要求在建筑设备选型中产品等级需高于以上规定 1 级。《冷水机组能效限定值及能源效率等级》（GB 19577）的规定值见表 5-2，《单元式空气调节机能效限定值及能源效率等级》（GB 19576）的规定值见表 5-3，《多联式空调（热泵）机组能效限定值及能源效率等级》（GB 21454）的规定值见表 5-4。

表 5-2　冷水机组能源效率等级指标

类型	额定制冷量 *CC* /kW	能效等级(COP)/(W/W)				
		1	2	3	4	5
风冷式或蒸发冷却式	*CC*≤50	3.20	3.00	2.80	2.60	2.40
	50<*CC*	3.40	3.20	3.00	2.80	2.60
	CC≤528	5.00	5.10	4.70	4.30	4.00
水冷式	528<*CC*≤1163	5.50	5.10	4.70	4.30	4.00
	CC<1163	6.10	5.60	5.10	4.60	4.20

表 5-3　单元式空气调节机能源效率等级指标

类型	额定制冷量 *CC* /kW	能效等级(COP)/(W/W)				
		1	2	3	4	5
风冷式	不接风管	3.20	3.00	2.80	2.60	2.40
	接风管	2.90	2.70	2.50	2.30	2.10
水冷式	不接风管	3.60	3.40	3.20	2.00	2.80
	接风管	3.30	3.10	2.90	2.70	2.50

表 5-4　多联机组能源效率等级指标

名义制冷量 *CC*/kW	能效等级				
	5	4	3	2	1
CC≤28000	2.80	3.00	3.20	3.40	3.60
28000<*CC*≤84000	2.75	2.95	3.10	3.30	3.50
84000<*CC*	2.70	2.90	3.10	3.30	3.50

对于商场、超市，空调水系统支路较多，管路较长，水泵的能耗高。

《公共建筑节能设计标准》（GB 50189）第 5.3.27 规定：空气调节冷热水系统的输送能效比（ER）应按下式计算。

$$ER=0.002342H\Delta T\eta$$

式中　H——水泵设计扬程，m；

ΔT——供回水温差，℃；

η——水泵在设计工作点的效率，%。

商业零售行业企业的末端设备数量较多，风机能耗一般占空调系统能耗的 50%，应选用效率较高的风机。根据《公共建筑节能设计标准》（GB 50189）第 5.3.26 规定：空气调节风系统的作用半径不宜过大。风机的单位风量耗功率（W_s）应按下式计算，计算结果不应大于表 5-5 中的规定。

$$W_s=p/(3600\eta_t)$$

式中　W_s——单位风量耗功率，W/(m^3/h)；

p——风机全压值，Pa；

η_t——包含风机、电机及传动效率在内的总效率，%。

表 5-5　风机的单位风量耗功率限制　　单位：W/(m^3/h)

系统类型	粗效过滤	粗、中效过滤
两管制定风量系统	0.46	0.52
四管制定风量系统	0.51	0.58
两管制定风量系统	0.62	0.68
四管制定风量系统	0.67	0.74
普通机械通风系统	0.32	

注：1. 普通机械通风系统中不包括厨房等需要特定过滤装置的房间的通风系统。

2. 严寒地区增设余热盘管时，单位风量耗功率可增加 0.035W/(m^3/h)。

3. 当空气调节机组内采用湿膜加湿方法时，单位风量耗功率可增加 0.053W/(m^3/h)。

合理采用分布式热电冷联供系统为建筑或区域提供电力、供冷、供热（包括供热水）三种需求，实现能源的梯级利用，能源利用效率可达 80%以上，大大减少固体废物、温室气体、氮氧化物、二氧化硫和粉尘的排放，还可应对突发事件，确保安全供电，在国际上已经得到广泛应用。我国已有少量项目应用了分布式热电冷联供技术，取得了较好的社会效益和经济效益。发展分布式热电冷联供技术可降低电网夏季高峰负荷，填补夏季燃气的低谷，平衡能源利用，实现资源的优化配置，是科学合理地利用能源的双赢措施。在应用分布式热电冷联供技术时，必须进行科学论证，从负荷预测、系统配置、运行模式、经济效益和环境效益等多方面对方案做可行性分析，系统设计满足地区相关技术规范的要求。

《国务院办公厅关于严格执行公共建筑空调温度控制标准的通知》（国办发〔2007〕42号）中规定：所有公共建筑内的单位，包括国家机关、社会团体、企事业组织和个体工商户，除医院等特殊单位以及在生产工艺上对温度有特定要求并经批准的用户之外，夏季室内空调温度设置不得低于26℃，冬季室内空调温度设置不得高于20℃。一般情况下，空调运行期间禁止开窗。各地可在确保符合上述要求的前提下，根据当地气候条件等实际情况，进一步制定具体的控制标准。各级国家机关要带头厉行节约，严格执行空调温度控制标准，发挥表率作用。

因此，《指标体系》规定如下。

① 第一条Ⅰ级基准值：空调系统的冷热源机组能效比高于《公共建筑节能设计标准》（GB 50189）规定的两个等级；Ⅱ级基准值：空调系统的冷热源机组能效比高于《公共建筑节能设计标准》（GB 50189）规定的一个等级；Ⅲ级基准值：空调采暖系统的冷热源机组能效比和锅炉热效率应符合《公共建筑节能设计标准》（GB 50189）及其他相关标准的规定。

② 第二条Ⅰ级基准值：空调水系统的输送能效比不高出《公共建筑节能设计标准》（GB 50189）中规定值的80%；Ⅱ级基准值：空调通风系统的风机单位风量耗功率不高于《公共建筑节能设计标准》（GB 50189）中规定值的90%；Ⅲ级基准值：空调通风系统的风机单位风量耗功率符合《公共建筑节能设计标准》（GB 50189）中规定值。

③ 第三条Ⅰ级基准值：空调通风系统的风机单位风量耗功率不高于《公共建筑节能设计标准》（GB 50189）中规定值的80%；Ⅱ级基准值：空调通风系统的风机单位风量耗功率不高于《公共建筑节能设计标准》（GB 50189）中规定值的90%；Ⅲ级基准值：空调通风系统的风机单位风量耗功率符合《公共建筑节能设计标准》（GB 50189）中规定值。

④ 第四条：采用分布式热电冷联供技术。

⑤ 第五条：严格按照国家标准对温度进行控制，夏季不低于26℃，冬季不高于20℃。

5.3.1.2 照明系统

《建筑照明设计标准》（GB 50034）中5.2.3商业建筑照明标准值规定

如表 5-6 所列。

表 5-6 GB 50034 中 5.2.3 商业建筑照明标准值规定

房间或场所	参考平面及其高度	照明标准值/lx	统一眩光值（UGR）	显色指数（*Ra*）
一般商店营业厅	0.75m 水平面	300	22	80
高档商店营业厅	0.75m 水平面	500	22	80
收款台	台面	500	—	80

《建筑照明设计标准》（GB 50034）中 6.1.3 商业建筑照明功率密度值规定见表 5-7。

表 5-7 GB 50034 中 6.1.3 商业建筑照明功率密度值规定

房间或场所	照明功率密度/（W/m^2）		对应照度值/lx
	现行值	目标值	
一般商店营业厅	12	10	300
高档商店营业厅	19	16	500

《指标体系》规定如下。

① 照明标准值符合《建筑照明设计标准》（GB 50034）相关规定。

② Ⅰ、Ⅱ级基准值：公共区域或场所的照明功率密度值不高于《建筑照明设计标准》（GB 50034）规定的目标值，在满足眩光限制和配光要求条件下，灯具效率不应低于《建筑照明设计标准》（GB 50034）规定；Ⅲ级基准值：公共区域或场所的照明功率密度值不高于《建筑照明设计标准》（GB 50034）规定的现行值，在满足眩光限制和配光要求条件下，灯具效率不应低于《建筑照明设计标准》（GB 50034）规定。

③ Ⅰ、Ⅱ级基准值：照明按区域采用智能自动化分区、分组等节电控制措施；Ⅲ级基准值：照明具有一般节电控制措施。

④ Ⅰ级基准值：节能灯具使用率达 100%；Ⅱ级基准值：节能灯具使用率达 80%；Ⅲ级基准值：节能灯具使用率达 50%。

5.3.1.3 给排水系统

水龙头是应用范围最广、数量最多的一种盥洗用水器具。节水型水龙头大多为陶瓷阀芯水龙头。这种水龙头密闭性好、启闭迅速、使用寿命长，而且在同一静水压力下，其出流量均小于普通水龙头的出流量，具有较好的节水效果，节水量为20%～30%。充气水龙头是国外使用较广泛的节水水龙头，在水龙头上开有充气孔，由于吸进空气，体积增大，速度减小，既防溅水又可节约水量。

从提高商业零售行业水资源利用效率考虑，《指标体系》规定：合理选用节水器具，符合CJ 164和GB/T 18870的要求，安装率达到100%。

此外，国家和部分城市对中水设施进行了规定，如《建设部关于发布〈城市中水设施管理暂行办法〉的通知》（1995年12月8日建城字第713号文发布）规定：中水设施建设根据建筑面积和中水回用水量（中水设施建设规模）规定，具体办法由县级以上地方人民政府规定。但应当符合以下要求：商店、公寓、综合性服务楼及高层住宅等建筑的建筑面积在20000m^2以上。中水水源应根据排水的水质、水量、排水状况和中水回用的水质、水量选定。

因此，《指标体系》规定：建筑面积20000m^2以上的商业零售行业建设中水设施。

部分城市对雨水收集设施进行了规定，如《关于加强建设工程用地内雨水资源利用的暂行规定》（市规发〔2003〕258号）中规定：凡在本市行政区域内，新建、改建、扩建工程（含各类建筑物、广场、停车场、道路、桥梁和其他构筑物等建设工程设施，以下统称为建设工程）均应进行雨水利用工程设计和建设。

城市雨水利用的几种方式：

① 从屋面、周围道路、广场收集雨水，流入地下储水池做简单处理，用于家庭、公共和工业等方面的非饮用水，如浇灌、冲厕、洗衣、冲洗路面、冷却循环等；

② 采用屋顶绿化的形式留住雨水，削减径流量，减轻城市排水管网压力，减轻污染，缓解城市热岛效应，调节建筑温度，美化城市；

③ 花园小区雨水集蓄利用，绿地入渗，维护绿地面积，同时回灌地下水；

④ 选址进行雨洪回灌，人工补给地下水。

因此，《指标体系》规定：建立雨水收集利用系统。

5.3.1.4 电梯

商业零售行业企业为了方便顾客购物，通常安装多台扶梯和直梯，电梯的能耗较大。针对这种情况，应选用具有节能拖动及节能控制方式的电梯。电梯变频控制可有效地根据负荷的变化而调节电动机功率，较大程度节电，所以，除选用节能电梯外，还采用变频控制、启动控制、群梯智能控制等经济运行控制手段，以及分区、分时等运行方式，来达到电梯节能的目的。曳引式电梯最大允许电功率见表 5-8～表 5-10。

表 5-8　曳引式电梯最大允许电功率 P（$v<3$m/s）　　单位：kW

负载 L/kg	额定梯速 v/(m/s)				
	$v<1$	$1\leqslant v<1.5$	$1.5\leqslant v<2$	$2\leqslant v<2.5$	$2.5\leqslant v<3$
$L<750$	7	10	12	16	18
$750\leqslant L<1000$	10	12	17	21	24
$1000\leqslant L<1350$	12	17	22	27	32
$1350\leqslant L<1600$	15	20	27	32	38
$1600\leqslant L<2000$	17	25	32	39	46
$2000\leqslant L<3000$	25	37	47	59	70
$3000\leqslant L<4000$	33	48	63	78	92
$4000\leqslant L<5000$	42	60	78	97	115
$5000\leqslant L$	$0.0083L+0.5$	$0.0118L+1$	$0.0156L+0.503$	$0.019L+2$	$0.0229L+0.5$

表 5-9　曳引式电梯最大允许电功率 P（$v<7$m/s）　　单位：kW

负载 L/kg	额定梯速 v/(m/s)				
	$3\leqslant v<3.5$	$3.5\leqslant v<4$	$4\leqslant v<5$	$5\leqslant v<6$	$6\leqslant v<7$
$L<750$	21	23	25	30	34
$750\leqslant L<1000$	27	31	32	39	46
$1000\leqslant L<1350$	36	40	45	52	60
$1350\leqslant L<1600$	43	49	52	62	72
$1600\leqslant L<2000$	53	60	65	75	88
$2000\leqslant L<3000$	79	90	95	115	132
$3000\leqslant L<4000$	104	120	130	150	175
$4000\leqslant L<5000$	130	150	160	190	220

表 5-10 曳引式电梯最大允许电功率 P ($v \leqslant 7m/s$) 单位：kW

负载 L/kg	额定梯速 v/(m/s)		
	$7 \leqslant v < 8$	$8 \leqslant v < 9$	$9 \leqslant v$
$L < 750$	39	45	$4.887v+0.0014v_3$
$750 \leqslant L < 1000$	52	60	$6.516v+0.0021v_3$
$1000 \leqslant L < 1350$	70	80	$8.797v+0.0021v_3$
$1350 \leqslant L < 1600$	83	95	$10.426v+0.00266v_3$
$1600 \leqslant L < 2000$	105	120	$13.033v+0.0014v_3$
$2000 \leqslant L < 3000$	155	175	$19.549v+0.0030v_3$
$3000 \leqslant L < 4000$	205	235	$26.065v+0.0038v_3$
$4000 \leqslant L < 5000$	255	290	$32.582v+0.0048v_3$

《指标体系》规定：Ⅰ级基准值为选用节能电梯及自动扶梯，采用变频控制等技术，采取分区、分时等运行方式；Ⅱ级基准值为选用节能电梯及自动扶梯。

5.3.1.5 消防系统

哈龙 1301（商用名称：1301，符号：Halon1301，化学分子式：CF_3Br）主要是通过打破燃烧过程中的一系列化学反应达到灭火目的的。性能：灭火浓度 5%，臭氧消耗潜能值 ODP（对臭氧层的影响性）16，温室效应期 2，大气留存期 160 年，储存压力 25bar（$1bar=10^5Pa$）。

我国也已加入了蒙特利尔国际公约，并承诺在 2005 年停止生产和使用 1211 灭火剂和灭火系统，2010 年停止生产和使用 1301 灭火剂和灭火系统。

因此，《指标体系》规定：消防器材必须使用清洁灭火剂。

5.3.2 资源与能源消耗指标

5.3.2.1 用电量[$kW \cdot h/(m^2 \cdot a)$]

据商务部“零售企业节能环保情况调查”显示，按不同业态来看，商场和大型超市的万元营业额能耗量较大。2010 年百货商场业态万元营业额能耗量区间为 110～480 千瓦时/万元，大型超市为 130～550 千瓦时/万元，专业店为 70～150 千瓦时/万元。单位面积耗电量区间为：大型超市 250～460kW·h/m^2，百货商场 200～530kW·h/m^2。自 2010 年中国连锁经营协会启动了“百家低碳示范商店”项目活动，2011 年大型超市的单位面积平均耗电量为 276kW·h/m^2，百货商场的单位面积平均耗电量为 259kW·h/m^2。

通过对连锁超市、购物中心调研数据统计（见图 5-1、图 5-2），发现电耗集中在各大商业零售行业营业区内，办公区作为工作人员操作日常管理，所产生的能耗集中在照明、空调及办公设备上，而营业区作为商业零售行业的主要销售运营区域，主要用电设备包括照明设备、通风空调、电梯、冷冻冷藏设备、食品加工、家用电器专柜用电、室外照明等，电耗量大，主要耗能设备清单见表 5-11。

表 5-11　商业零售行业主要耗能设备

序号	主要耗能设备	序号	主要耗能设备
1	照明设备	5	给排水设备
2	中央空调	6	供暖设备
3	电梯/自动扶梯	7	其他
4	冷冻冷藏设备		

在上述主要的耗能设备中，照明设备用电占商场超市用电总量的 35.00%，空调用电占 30.00%。

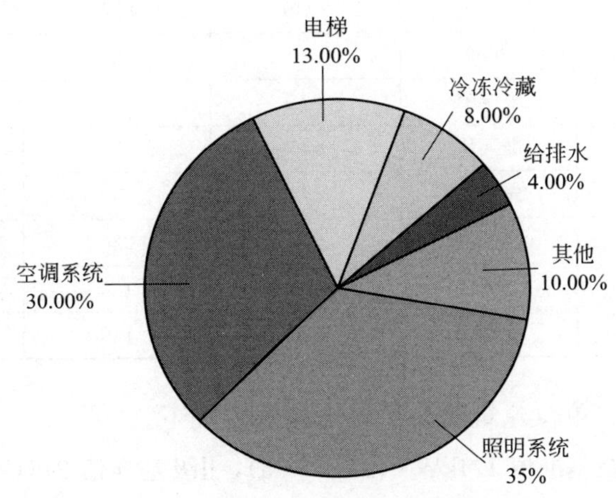

图 5-1　商场超市主要耗能设备耗能情况

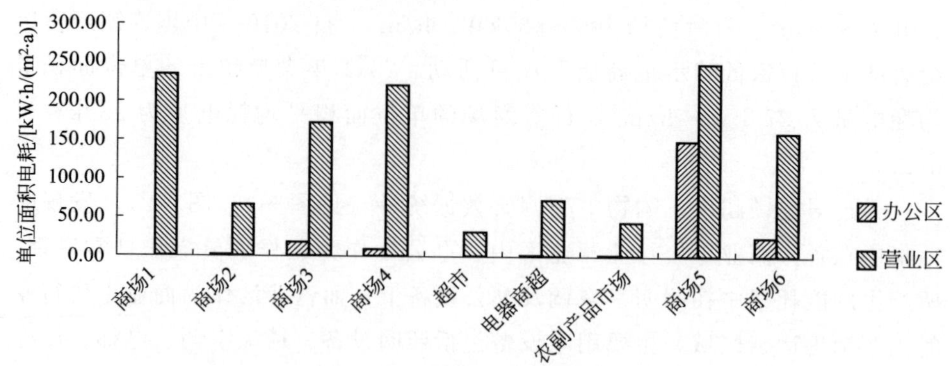

图 5-2 单位面积电耗

能耗受商场超市级别、建设年代的影响较大，一般情况下，越高档的商场服务水平越高，能耗也越大。此外，年代久远的商场超市与新建的相比，设备相对落后，能耗相对高。新建综合性商场配有电影院、电玩城等设施，能耗也会偏高。

部分省市商场超市电耗限额如表 5-12 所列。

表 5-12 部分省市商场超市电耗限额

单位：kW·h/（m^2·a）

序号	省市		电耗		
			商场	超市	专业店
1	浙江(DB 33/759—2009)		210	42	—
2	北京(DB 11/T 1159—2015)	限定值	275	95	114
		准入值	245	87	104
		先进值	174	60	90
3	湖南(DB 43/T 614—2016)	达标值	200	220	—
		先进值	160	180	—
		领先值	120	140	—

《指标体系》单位建筑面积综合电耗规定如下。

① 商场：Ⅰ级基准值 174kW·h/(m^2·a)，Ⅱ级基准值 245kW·h/(m^2·a)，Ⅲ级基准值 275kW·h/(m^2·a)；

② 超市：Ⅰ级基准值 60kW·h/(m^2·a)，Ⅱ级基准值 87kW·h/(m^2·a)，Ⅲ

级基准值 95kW・h/(m^2・a)。

5.3.2.2　新鲜水消耗量

不同业态的商业零售企业水资源消耗量有所不同，商场主要工作用水区域包括卫生保洁、餐饮、办公、超市区等，大型超市主要工作用水区域包括卫生保洁、熟食加工、生鲜区等。各商业零售行业企业年总水耗直接与其企业规模、营业面积、客流量等因素相关，如图 5-3 所示。

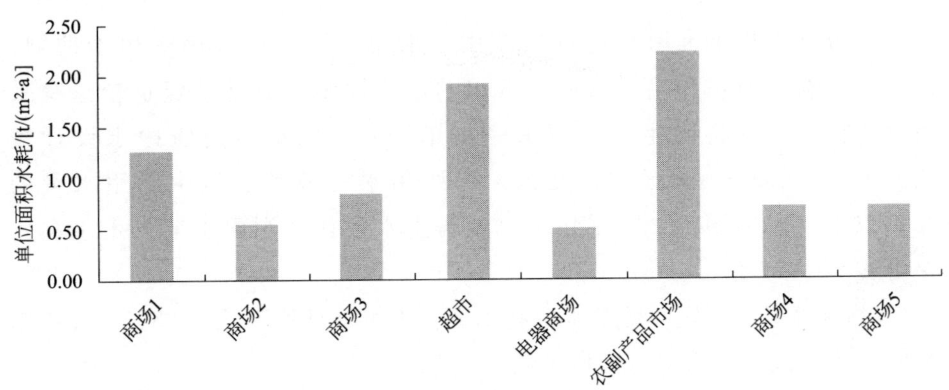

图 5-3　单位面积水耗

部分省市商场取水定额如表 5-13 所列。

表 5-13　部分省市商场取水定额

序号	省市	商业零售行业		单位	备注
1	北京	5～8		L/(m^2・d)	以企业营业面积为基数,为综合定额
2	广东	＞20000m^2	150	L/(人・d)	以企业职工人数为基数,为综合定额
		5000～20000m^2	110		
		200～5000m^2	70		
3	江苏	13		L/(m^2・d)	
4	深圳	25		L/(m^2・d)	
5	浙江	0.35		m^3/(m^2・月)	
6	福建	0.35		m^3/(m^2・月)	

考虑到不同业态商业零售企业的用水量有所区别，制订不同的取水定额。

《指标体系》规定新鲜水消耗量[$m^3/(m^2 \cdot a)$]如下。

① 商场：Ⅰ级基准值1.7，Ⅱ级基准值1.8，Ⅲ级基准值1.9；

② 大型超市：Ⅰ级基准值2.3，Ⅱ级基准值2.4，Ⅲ级基准值2.5。

5.3.2.3 非传统水源利用率

商场类公共建筑用水特点是使用功能单一，大部分用水用于冲厕、盥洗。根据高质水高用、低质水低用的用水原则，对这类建筑较适宜采用分质供水，宜将再生水、雨水等用于冲厕。根据《建筑中水设计规范》（GB 50336）等标准、规范，冲厕用水占该类建筑生活用水量的60%以上，若冲厕中1/3采用雨水或再生水替代，则雨水或再生水利用率可在20%以上。

《指标体系》规定非传统水源利用率：Ⅰ级基准值不低于35%，Ⅱ级基准值不低于25%，Ⅲ级基准值不低于20%。

5.3.2.4 能源使用

目前，我国太阳能提供生活热水技术已经非常成熟，采用太阳能热水系统具有良好的经济性。同时，虽然光伏发电系统、风力发电系统或生物质能发电系统等成本相对较高，但却是应对能源危机的有效途径，属于未来发展的方向，应该鼓励在经济技术适宜的条件下充分利用可再生能源减少电力系统的负荷。有条件时，也可考虑合理采用地源、水源等新型热泵空调技术。严格限制“高质低用”的能源转换利用方式，除无集中热源且符合下列情况之一者外，不得采用电热锅炉、电热水器等作为直接采暖和空气调节系统的主体热源：

① 电力充足，供电政策支持和电价优惠的地区的建筑；

② 以供冷为主、采暖负荷极小且无法利用热泵提供热源的建筑；

③ 无燃气源，用煤、油等燃料受到环保或消防严格限制的建筑；

④ 夜间可利用低谷电进行蓄热，且蓄热式电锅炉不在昼间用电高峰时

段启用的建筑；

⑤ 利用可再生能源发电地区的建筑；

⑥ 内、外区合一的变风量系统中需要对局部外区进行加热的建筑。

《指标体系》规定：a. Ⅰ级基准值，可再生能源产生的热水量不低于建筑生活热水消耗量的 20%，或可再生能源技术承担了不低于 20% 的建筑总供暖供冷量；b. Ⅱ级基准值，可再生能源产生的热水量不低于建筑生活热水消耗量的 10%，或可再生能源技术承担了不低于 10% 的建筑总供暖供冷量；c. Ⅲ级基准值，不采用电热锅炉、电热水器作为直接采暖和空调系统的热源。

5.3.2.5　办公耗材

通过企业调研发现，纸张、购物袋以及打印类设备（墨盒等）目前是各大商场、超市最主要的消耗品，其中又以购物袋消耗为最主要消耗品（表 5-14）。

表 5-14　原辅材料消耗情况

区域	消耗品	A	B	C	D	E	F
办公区	纸张/(张/年)	40500	737500	120000	12000	1000000	430000
	墨盒/(个/年)	19	75	—	24	150	23
	办公笔/(支/年)	478	450	—	400	1450	500
营业区	塑料袋/(个/年)	—	182500	164250	—	215000	215000
	环保袋/(个/年)	12000	72000	17520	—	60000	60000
	收银墨盒/(个/年)	190	222	180	—	150	56
	打印纸带/(个/年)	3600	18000	360	240	2000	1200

《指标体系》规定：a. Ⅰ、Ⅱ级基准值，建立并执行办公用品绿色采购及使用制度，利用信息技术实现无纸化办公；b. Ⅲ级基准值，具有办公用品绿色采购及使用制度，利用信息技术倡导无纸化办公。

5.3.3 资源综合利用指标

回收利用旧包装可以为国家节省资源，节约能源，有利于环境的保护和治理。我国不可再生资源非常紧张，包装材料消耗资源数量巨大。企业应大力开展包装用材回收复用，合理利用有限资源。企业回收旧包装，重新使用，可以减少对包装材料的采购，降低经营成本；废旧包装物的回收利用，能及时解决由于资源消耗或成本过高使商品包装不足或供应不及的问题，保证商品物流活动顺利进行。

《指标体系》规定：建立并执行包装废物回收利用、包装废物减量化制度，100%回收包装废物。

5.3.4 污染物产生指标

（1）废水产生量

根据调查的实际情况，废水产生量为取水量的80%～90%。《指标体系》规定的单位营业面积的外排废水量[$m^3/(m^2 \cdot a)$]：a. 商场，Ⅰ级基准值1.44、Ⅱ级基准值1.53、Ⅲ级基准值1.61；b. 超市，Ⅰ级基准值1.95、Ⅱ级基准值2.0、Ⅲ级基准值2.12。

（2）污染物控制量

根据行业特点提出COD_{Cr}指标要求，大多数商业零售行业企业的废水经过化粪池、隔油池后外排，而企业在环境管理中往往忽视了化粪池、隔油沉渣池的管理，因此，《指标体系》规定：废水、废气、噪声应符合相关排放标准要求。

5.3.5 服务指标

商业零售行业推行清洁生产，实现节能减排，很大程度上取决于消费者的消费行为。因此，必须积极采取各种宣传和鼓励措施，引导消费者绿色消费行为。

《指标体系》规定：Ⅰ级基准值绿色产品引进率同比提高，设有绿色商品专柜；Ⅰ级基准值设有绿色产品专柜；制订绿色服务规范，倡导绿色消费；在人员推销、广告宣传、公共关系和营业推广等促销活动中，融入环保意识，传递绿色产品信息。

5.3.6　清洁生产管理指标

5.3.6.1　环境审核

大部分商业零售行业企业未建立专门负责环境管理的机构，缺乏 ISO 14001、ISO 9001、ISO 18001 等认证。《指标体系》规定如下。

①第一条Ⅰ级基准值：开展了清洁生产审核，中/高费方案实施率≥80%，节能、降耗、减污取得显著成效；Ⅱ级基准值，开展了清洁生产审核，中/高费方案实施率≥50%，节能、降耗、减污取得明显成效；Ⅲ级基准值：制订有开展清洁生产审核工作计划。

②第二条Ⅰ、Ⅱ级基准值：建有专门负责清洁生产的领导机构，各成员单位及主管人员职责分工明确；建立并有效执行清洁生产管理制度；制订有清洁生产工作计划并认真组织落实，持续开展清洁生产；Ⅲ级基准值：建有兼职负费清洁生产的领导机构，配备专职人员，具有健全的清洁生产管理制度，制订有清洁生产计划并落实，持续开展清洁生产。

5.3.6.2　能源管理

公共建筑的能源消耗情况较复杂，以空调系统为例，其组成包括冷冻机、冷冻水泵、冷却水泵、冷却塔、空调箱、风机盘管等多个环节。目前多数商场、大型超市等大型公共建筑仅安装总电表，缺少分级计量设备，不利于建筑各类系统设备的能耗分布，难以发现能耗不合理之处。

《北京市用水单位水量平衡测试管理规定》（京政办发〔1988〕47 号）规定：月均取水量在 2000t 以上（含 2000t）的用水单位，均应进行水量平衡测试。目前，多数商场超市水表计量不全，难以有效开展水平衡测试工作。

因此，《指标体系》规定如下。

① 第一条Ⅰ级基准值：具有完善健全的计量系统，能源计量器具配备情况符合《用能单位能源计量器具配备和管理通则》（GB 17167）三级计量要求，制订能源使用计划并组织落实；Ⅲ级基准值：能源计量器具配备情况符合《用能单位能源计量器具配备和管理通则》（GB 17167）二级计量要求。

② 第二条：具有能源利用状况报告，定期开展能量平衡测试，按《商场、超市合理用能指南》（DB11/T 1160）评价用电情况。

③ 第三条Ⅰ、Ⅱ级基准值：按照《水平衡测试通则》（GB/T 12452）规定，2年进行一次水平衡测试；Ⅲ级基准值：按照《水平衡测试通则》（GB/T 12452）规定，5年进行一次水平衡测试。

5.3.6.3 环境管理

购物袋、包装袋的使用给消费者带来了便捷，却造成了环境污染，给企业带来了巨大的成本开支，包装使用的塑料袋产生的能源消耗以及对环境造成的污染问题成为商业零售行业一项严峻的挑战。商场目前多以纸质环保购物袋替代塑料购物袋的使用，虽然已实行塑料袋收费政策，但塑料购物袋的使用依然是超市包装物类最大的消耗，另外还有一部分是生鲜、食品的包装袋、保鲜膜等。目前，商场、超市的大部分包装物多以废品出售的形式处理，只有少数企业能对商品运输和储存过程中使用的包装箱进行重复循环使用，造成浪费。

《指标体系》规定：严格执行《商品零售场所塑料袋有偿使用管理办法》，鼓励消费者使用环保购物袋；使用垃圾分类收集设备，垃圾采用分类包装处理。如有餐饮区域，应将餐厨垃圾和非餐厨垃圾分开收集，餐厨垃圾中的厨余垃圾和废弃食用油脂应当分别单独收集，委托有资质机构集中处理，涉及危废必须委托危险废物处理中心单独处理。

按照有关部门要求进行环境监测和信息公开。Ⅰ、Ⅱ级基准值：建立绿色供应链，选择绿色信誉好的供应商，主要商品供应商已开展清洁生产审核；Ⅲ级基准值：建立绿色供应链，选择绿色信誉好的供应商。对第三方物流企业提出能源环保管理要求，符合相关法律法规标准要求。

5.4 评价示例分析及应用

通过对北京市商业零售行业的数据分析，推断北京市商业零售行业50家（商场、超市）中能达到一级领先的有2家，占评价总数的4%；达到二级先进的有10家，占20%；三级清洁生产单位15家，占评价总数的30%；不达标的23家，占46%。

5.4.1 应用案例

对照指标体系，某百货商场清洁生产水平如表5-15所列。

表 5-15　某百货商场清洁生产水平

序号	一级指标	一级指标权重	二级指标	单位或比率	二级指标权重	Ⅰ级基准值 100	Ⅱ级基准值 [80,100)	Ⅲ级基准值 [60,80)	企业水平	分值
1	装备指标	26	供暖空调系统	—	2	空调系统的冷热源机组能效比比 GB 50189 规定的提高 6%	空调系统的冷热源机组能效比比 GB 50189 规定的提高 3%	空调系统的冷热源机组能效比符合 GB 50189 规定	符合 GB 50189 规定	1.2
				—	2	空调水系统的输送能效比不高出 GB 50189 中规定值的 80%	空调水系统的输送能效比不高出 GB 50189 中规定值的 90%	空调水系统的输送能效比符合 GB 50189 中规定值	符合 GB 50189 规定	1.2
				—	2	空调通风系统的风机单位风量耗功率不高于 GB 50189 中规定值的 80%	空调通风系统的风机单位风量耗功率不高于 GB 50189 中规定值的 90%	空调通风系统的风机单位风量耗功率符合 GB 50189 中规定值	符合 GB 50189 规定	1.2
				—	1	采用分布式热电冷联供技术			暂无	0
				—	1	严格按照国家标准对温度进行控制，夏季不低于 26℃，冬季不高于 20℃			严格对温度进行控制	1
				—	1	严格执行空调能效标识制度，采取加装变频器等方式，积极实施空调节能改造		严格执行空调能效标识制度	对空调进行了节能改造	1
			照明系统	—	1	照明标准值符合 GB 50034 规定			1	
				—	2	公共区域或场所的照明功率密度值不高于 GB 50034 规定的目标值。在满足眩光限制和配光要求条件下，灯具效率不应低于 GB 50034 规定		公共区域或场所的照明功率密度值不高于 GB 50034 规定的现行值。在满足眩光限制和配光要求条件下，灯具效率不应低于 GB 50034 规定	符合规定的现行值	1.2

续表

序号	一级指标	一级指标权重	二级指标	单位或比率	二级指标权重	Ⅰ级基准值 100	Ⅱ级基准值 [80,100)	Ⅲ级基准值 [60,80)	企业水平	分值
1	装备指标	26	照明系统	—	2	照明按区域采用智能自动化分区、分组节电控制措施		照明具有一般节电控制措施	采用分区、分组控制	2
				—	2	节能灯具使用率达100%	节能灯具使用率达80%	节能灯具使用率达50%	节能灯具使用率达80%	1.6
			冷冻冷藏系统	—	2	冷库、冰柜、冰箱等冷冻冷藏系统的供电线路上应加装智能型节电控制装置或采取其他节电措施，冷冻冷藏设备加装智能型节电控制装置			具有节电措施	2
				—	1	冷库的设计应符合GB 50072的规定与要求			符合	1
			给排水系统	—	2	合理选用节水器具，符合CJ 164和GB/T 18870的要求，安装率达到100%			节水器具安装率达100%	2
				—	1	建筑面积20000m² 以上的企业配套建设中水设施，20000m² 以下的企业应积极采取中水回用措施			商场的中水水源为某酒店污水处理站处理后的中水，但因酒店至今没有使用，中水水源不足，故中水系统未启用	0
				—	1	建立雨水收集利用系统				0
			电梯	—	2	选用节能电梯及自动扶梯，采用变频控制等技术，分区、分时等运行方式			选用节能电梯及自动扶梯	2
			消防设备	—	1	消防器材应使用清洁灭火剂				1

续表

序号	一级指标	一级指标权重	二级指标		单位或比率	二级指标权重	Ⅰ级基准值 100	Ⅱ级基准值 [80,100)	Ⅲ级基准值 [60,80)	企业水平	分值
2	资源能源消耗指标	21	单位面积电耗	商场	kW·h/(m^2·a)	7	≤174	≤245	≤275	184.74	5.6
				超市			≤60	≤87	≤95	—	—
			单位面积综合能耗(以标煤计)	商场	kg/(m^2·a)	7	≤31.2	≤41	≤45	23.96	7
				超市			≤8.5	≤12	≤13	—	—
			单位面积新鲜水耗	商场	m^3/(m^2·a)	5	≤1.7	≤1.8	≤1.9	1.9	3
				超市			≤2.3	≤2.4	≤2.5	—	—
			办公耗材		—	2	建立并有效执行办公用品绿色采购制度，利用信息技术实现无纸化办公			具有办公用品绿色采购及使用制度，利用信息技术倡导无纸化办公	2
3	资源综合利用指标	9	包装废物回收利用		—	5	建立并执行包装废物回收利用、包装废物减量化制度，100%回收包装废物		100%回收包装废物	100%回收并建立制度	5
			非传统水源利用率		%	4	采用非传统水源冲厕、绿化灌溉、道路冲洗等，非传统水源利用率≥35	采用非传统水源冲厕、绿化灌溉、道路冲洗等，非传统水源利用率≥25	采用非传统水源冲厕、绿化灌溉、道路冲洗等，非传统水源利用率≥20	未测算	0

续表

序号	一级指标	一级指标权重	二级指标		单位或比率	二级指标权重	Ⅰ级基准值 100	Ⅱ级基准值 [80,100)	Ⅲ级基准值 [60,80)	企业水平	分值
4	污染物产生与排放指标	14	废水产生量	商场	$m^3/(m^2 \cdot a)$	5	≤1.44	≤1.53	≤1.61	1.6	3
				超市	$m^3/(m^2 \cdot a)$		≤1.95	≤2.0	≤2.12	—	—
			废水		—	4	废水排放符合 DB11/307 规定			COD 380mg/L，符合 DB11/307 规定	4
			废气		—	3	废气排放符合 DB11/501 规定，若有油烟排放执行《饮食业油烟排放标准》(GB 18483)			符合标准规定	3
			噪声		—	2	符合《声环境质量标准》(GB 3096)规定，对临时噪声源采取有效防治对策消除或减弱噪声干扰		符合《声环境质量标准》(GB 3096)	符合标准规定，采取减噪措施	2
5	服务指标	4	绿色服务		—	2	制订绿色服务规范，倡导绿色消费			制订绿色服务管理制度	2
					—	2	在人员推销、广告宣传、公共关系和营业推广等促销活动中，融入环保意识			通过培训提高员工环保意识	2
6	清洁生产管理指标	26	清洁生产审核		—	3	开展了清洁生产审核，中/高费方案实施率≥80%，节能、降耗、减污取得显著成效	开展了清洁生产审核，中/高费方案实施率≥50%，节能、降耗、减污取得明显成效	制订开展清洁生产审核工作计划	已开展审核，建立并执行清洁生产制度，具有清洁生产管理机构	2
			清洁生产组织机构及管理制度		—	2	建有专门负责清洁生产的领导机构，各成员单位及主管人员职责分工明确；建立并有效执行清洁生产管理制度，制订清洁生产工作计划并认真组织落实，持续开展清洁生产		建有兼职负责清洁生产的领导机构，配备专职人员；具有健全的清洁生产管理制度，制订清洁生产工作计划并落实，持续开展清洁生产	建立相关方环境管理制度	2

续表

<table>
<tr><th>序号</th><th>一级指标</th><th>一级指标权重</th><th>二级指标</th><th>单位或比率</th><th>二级指标权重</th><th>Ⅰ级基准值
100</th><th>Ⅱ级基准值
[80,100)</th><th>Ⅲ级基准值
[60,80)</th><th>企业水平</th><th>分值</th></tr>
<tr><td rowspan="8">6</td><td rowspan="8">清洁生产管理指标</td><td rowspan="8">26</td><td rowspan="4">能源管理</td><td>—</td><td>2</td><td>有健全的能源管理机构及管理制度，各成员单位及主管人员职责分工明确并有效发挥作用；建立能源管理体系并有效运行</td><td>有健全的能源管理机构及管理制度，各成员单位及主管人员职责分工明确并有效发挥作用；制订能源管理规划和年度工作计划并组织落实</td><td>有基本的能源管理机构及管理制度，配备专职人员；制订能源管理年度工作计划并组织落实</td><td>有健全的能源管理机构及管理制度，人员职责分工明确；制订能源管理规划和年度工作计划并组织落实</td><td>1.6</td></tr>
<tr><td>—</td><td>2</td><td>能源计量器具配备率符合 GB/T 17167 三级计量要求</td><td colspan="2">能源计量器具配备率符合 GB/T 17167 二级计量要求</td><td>符合 GB/T 17167 二级计量要求</td><td>1.6</td></tr>
<tr><td>—</td><td>1</td><td colspan="3">定期开展能量平衡测试，按 DB11/T 1160 评价用电情况</td><td>暂未开展</td><td>0</td></tr>
<tr><td>—</td><td>1</td><td colspan="2">按照 GB/T 12452 规定，2 年进行一次水平衡测试</td><td>按照 GB/T 12452 规定，5 年进行一次水平衡测试</td><td>暂未开展</td><td>0</td></tr>
<tr><td rowspan="4">环境管理</td><td>—</td><td>2</td><td colspan="3">严格执行《商品零售场所塑料购物袋有偿使用管理办法》，鼓励消费者使用环保购物袋</td><td>严格执行</td><td>2</td></tr>
<tr><td>—</td><td>2</td><td colspan="2">按照 GB/T 24001 建立并有效运行环境管理体系，环境管理程序文件及作业文件齐备</td><td>具有健全的环境管理体系和完备的管理文件</td><td>具有健全的环境管理体系和管理文件</td><td>1.6</td></tr>
<tr><td>—</td><td>2</td><td colspan="3">使用垃圾分类收集设备，垃圾采用分类包装处理。如有餐饮区域，应将餐厨垃圾和非餐厨垃圾分开收集，餐厨垃圾中的厨余垃圾和废弃食用油脂应当分别单独收集，委托有资质机构集中处理，涉及危废必须委托危险废物处理中心单独处理</td><td>分类收集</td><td>2</td></tr>
<tr><td>—</td><td>2</td><td colspan="3">按照有关部门要求进行环境监测和信息公开</td><td>按要求监测，公开环境信息</td><td>2</td></tr>
</table>

续表

序号	一级指标	一级指标权重	二级指标	单位或比率	二级指标权重	Ⅰ级基准值 100	Ⅱ级基准值 [80,100)	Ⅲ级基准值 [60,80)	企业水平	分值
6	清洁生产管理指标	26	环境管理	—	1	建立并有效运行职业健康和安全管理体系，符合 GB/T 28001 规定			建有职业健康和安全管理体系	1
				—	2	建立绿色供应链，选择绿色信誉好的供应商，主要商品供应商已开展清洁生产审核		建立绿色供应链，选择绿色信誉好的供应商	建立绿色供应链，选择绿色信誉好的供应商	1.2
				—	2	对第三方物流企业提出能源环保管理要求，符合相关法律、法规、标准要求			对物流企业提出环保要求	2
			环境风险	—	2	编制企业环境风险应急预案，应急设施齐备，定期开展环境应急演练			制订了企业应急预案	2
总得分										79

经过实测，该商场获得 79 分，达到清洁生产三级水平。

5.4.2 应用案例二

某超市是一家以经营零售商品为主，大型超级市场为核心的大型企业。对照指标体系，超市清洁生产水平如表 5-16 所列。

表 5-16 某超市清洁生产水平

序号	一级指标	一级指标权重	二级指标	单位或比率	二级指标权重	Ⅰ级基准值 100	Ⅱ级基准值 [80,100)	Ⅲ级基准值 [60,80)	企业水平	分值
1	装备指标	26	供暖空调系统	—	2	空调系统的冷热源机组能效比比 GB 50189 规定的提高 6%	空调系统的冷热源机组能效比比 GB 50189 规定的提高 3%	空调系统的冷热源机组能效比符合 GB 50189 规定	符合 GB 50189 规定	1.2
				—	2	空调水系统的输送能效比不高出 GB 50189 中规定值的 80%	空调水系统的输送能效比不高出 GB 50189 中规定值的 90%	空调水系统的输送能效比符合 GB 50189 中规定值	符合 GB 50189 规定	1.2

续表

序号	一级指标	一级指标权重	二级指标	单位或比率	二级指标权重	Ⅰ级基准值 100	Ⅱ级基准值 [80,100)	Ⅲ级基准值 [60,80)	企业水平	分值
1	装备指标	26	供暖空调系统	—	2	空调通风系统的风机单位风量耗功率不高于 GB 50189 中规定值的 80%	空调通风系统的风机单位风量耗功率不高于 GB 50189 中规定值的 90%	空调通风系统的风机单位风量耗功率符合 GB 50189 中规定值	符合 GB 50189 规定	1.2
				—	1	采用分布式热电冷联供技术			暂无	0
				—	1	严格按照国家标准对温度进行控制，夏季不低于 26℃，冬季不高于 20℃				1
				—	1	严格执行空调能效标识制度(2 级及以上)；采取加装变频器等方式，积极实施空调节能改造			严格执行空调能效标识制度(2 级及以上)	0.6
			照明系统	—	1	照明标准值符合 GB 50034 规定			个别柜台照度超过标准	0
				—	2	公共区域或场所的照明功率密度值不高于 GB 50034 规定的目标值。在满足眩光限制和配光要求条件下，灯具效率不应低于 GB 50034 规定		公共区域或场所的照明功率密度值不高于 GB 50034 规定的现行值。在满足眩光限制和配光要求条件下，灯具效率不应低于 GB 50034 规定		1.2
				—	2	照明按区域采用智能自动化分区、分组节电控制措施		照明具有一般节电控制措施	具有一般节电措施	1.2
				—	2	节能灯具使用率达 100%	节能灯具使用率达 80%	节能灯具使用率达 50%	各类灯具 72597 支，节能未开展统计，预计达到 50%	1.2
			冷冻冷藏系统	—	2	冷库、冰柜、冰箱等冷冻冷藏系统的供电线路上应加装智能型节电控制装置或采取其他节电措施，冷冻冷藏设备加装智能型节电控制装置			选用三洋等品牌冷冻系统，具有节电措施	2
				—	1	冷库的设计应符合 GB 50072、SB/T 10427 的规定与要求			符合	1

续表

序号	一级指标	一级指标权重	二级指标		单位或比率	二级指标权重	Ⅰ级基准值 100	Ⅱ级基准值 [80,100)	Ⅲ级基准值 [60,80)	企业水平	分值
1	装备指标	26	给排水系统		—	2	合理选用节水器具，符合 CJ 164 和 GB/T 18870 的要求，安装率达到 100％			节水器具安装率达 100％	2
					—	1	建筑面积 20000m^2 以上的企业配套建设中水设施，20000m^2 以下的企业应积极采取中水回用措施			20000m^2 以下，采取中水回用措施	1
					—	1	建立雨水收集利用系统			暂无	0
			电梯		—	2	选用节能电梯及自动扶梯，采用变频控制等技术，采取分区、分时等运行方式		选用节能电梯及自动扶梯	电梯共计 106 部，属于节能电梯	1.2
			消防设备		—	1	消防器材应使用清洁灭火剂			干粉灭火器	1
2	资源能源消耗指标	21	单位面积电耗	商场	kW·h/(m^2·a)	7	≤174	≤245	≤275	—	—
				超市			≤60	≤87	≤95	141.37	0
			单位面积综合能耗(以标煤计)	商场	kg/(m^2·a)	7	≤31.2	≤41	≤45	—	—
				超市			≤8.5	≤12	≤13	34.31	0
			单位面积新鲜水耗	商场	m^3/(m^2·a)	5	≤1.7	≤1.8	≤1.9	—	—
				超市			≤2.3	≤2.4	≤2.5	0.904	5
			办公耗材		—	2	建立并执行办公用品绿色采购制度，利用信息技术实现无纸化办公		具有办公用品绿色采购及使用制度，利用信息技术倡导无纸化办公	具有办公用品绿色采购及使用制度	1.2

续表

序号	一级指标	一级指标权重	二级指标		单位或比率	二级指标权重	Ⅰ级基准值 100	Ⅱ级基准值 [80,100)	Ⅲ级基准值 [60,80)	企业水平	分值
3	资源综合利用指标	9	包装废物回收利用		—	5	建立并执行包装废物回收利用、包装废物减量化制度，100%回收包装废物		100%回收包装废物	100%回收	5
			非传统水源利用率		%	4	≥35	≥25	≥20	未测算	0
4	污染物产生与排放指标	14	废水产生量	商场	$m^3/(m^2 \cdot a)$	5	≤1.44	≤1.53	≤1.61	—	—
				超市	$m^3/(m^2 \cdot a)$		≤1.95	≤2.0	≤2.12	0.17	5
			废水		—	4	废水排放符合 DB11/307 规定			COD 380mg/L，符合 DB11/307 规定	4
			废气		—	3	废气排放符合 DB11/501 规定，若有油烟排放执行《饮食业油烟排放标准》(GB 18483)			符合标准规定	3
			噪声		—	2	符合《声环境质量标准》(GB 3096)规定，对临时噪声源采取有效防治对策消除或减弱噪声干扰		符合《声环境质量标准》(GB 3096)	符合标准	1.2
5	服务指标	4	绿色服务		—	2	制订绿色服务规范，倡导绿色消费			制订绿色服务管理制度	2
					—	2	在人员推销、广告宣传、公共关系和营业推广等促销活动中，融入环保意识			通过培训提高员工环保意识	2
6	清洁生产管理指标	26	清洁生产审核		—	3	开展了清洁生产审核，中/高费方案实施率≥80%，节能、降耗、减污取得显著成效	开展了清洁生产审核，中/高费方案实施率≥50%，节能、降耗、减污取得明显成效	制订开展清洁生产审核工作计划	已开展审核，建立并执行清洁生产制度，具有清洁生产管理机构	2

续表

序号	一级指标	一级指标权重	二级指标	单位或比率	二级指标权重	Ⅰ级基准值 100	Ⅱ级基准值 [80,100)	Ⅲ级基准值 [60,80)	企业水平	分值
6	清洁生产管理指标	26	清洁生产组织机构及管理制度	—	2	建有专门负责清洁生产的领导机构，各成员单位及主管人员职责分工明确；建立并有效执行清洁生产管理制度，制订清洁生产工作计划并认真组织落实，持续开展清洁生产		建有兼职负责清洁生产的领导机构，配备专职人员；具有健全的清洁生产管理制度，制订清洁生产工作计划并落实，持续开展清洁生产	建立相关方环境管理制度	2
			能源管理	—	2	有健全的能源管理机构及管理制度，各成员单位及主管人员职责分工明确并有效发挥作用；建立能源管理体系并有效运行	有健全的能源管理机构及管理制度，各成员单位及主管人员职责分工明确并有效发挥作用；制订能源管理规划和年度工作计划并组织落实	有基本的能源管理机构及管理制度，配备专职人员；制订能源管理年度工作计划并组织落实	有健全的能源管理机构及管理制度人员职责分工明确；制订能源管理规划和年度工作计划并组织落实	1.6
				—	2	能源计量器具配备率符合 GB/T 17167 三级计量要求	能源计量器具配备率符合 GB/T 17167 二级计量要求		符合 GB/T 17167 二级计量要求	1.6
				—	1	定期开展能量平衡测试，按 DB11/T 1160 评价用电情况			暂未开展	0
				—	1	按照 GB/T 12452 规定，2 年进行一次水平衡测试		按照 GB/T 12452 规定，5 年进行一次水平衡测试	暂未开展	0
			环境管理	—	2	严格执行《商品零售场所塑料购物袋有偿使用管理办法》，鼓励消费者使用环保购物袋			严格执行	2

续表

序号	一级指标	一级指标权重	二级指标	单位或比率	二级指标权重	Ⅰ级基准值 100	Ⅱ级基准值 [80,100)	Ⅲ级基准值 [60,80)	企业水平	分值
6	清洁生产管理指标	26	环境管理	—	2	按照 GB/T 24001 建立并有效运行环境管理体系，环境管理程序文件及作业文件齐备		具有健全的环境管理体系和完备的管理文件	具有健全的环境管理体系和管理文件	1.6
				—	2	使用垃圾分类收集设备，垃圾采用分类包装处理。如有餐饮区域，应将餐厨垃圾和非餐厨垃圾分开收集，餐厨垃圾中的厨余垃圾和废弃食用油脂应当分别单独收集，委托有资质机构集中处理，涉及危废必须委托危险废物处理中心单独处理			分类收集	2
				—	2	按照有关部门要求进行环境监测和信息公开			按要求监测，公开环境信息	2
				—	1	建立并有效运行职业健康和安全管理体系，符合 GB/T 28001 规定			建有职业健康和安全管理体系	1
				—	2	建立绿色供应链，选择绿色信誉好的供应商，主要商品供应商已开展清洁生产审核		建立绿色供应链，选择绿色信誉好的供应商	建立绿色供应链，选择绿色信誉好的供应商	1.2
				—	2	对第三方物流企业提出能源环保管理要求，符合相关法律、法规、标准要求			对物流企业提出环保要求	1.2
			环境风险	—	2	编制企业环境风险应急预案，应急设施齐备，定期开展环境应急演练			制订了应急预案	2
总得分										65.6

经过实测，该超市获得 65.6 分，未达到清洁生产三级水平，该企业不能列为清洁生产企业。

第6章

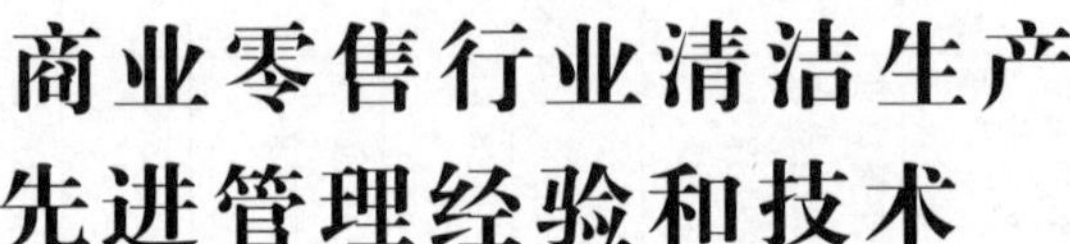

商业零售行业清洁生产先进管理经验和技术

近年来，随着服务业清洁生产工作的加快推进，为了更好地开展清洁生产工作，除了要掌握相关的专业知识和法规标准外，还应多加学习和了解国内外先进的清洁生产的管理经验和清洁生产技术，更新知识，开阔视野。通过管理水平的逐渐提升，以及对能源利用传统观念的转变，采用节能减排新技术，商业零售行业能源消耗、资源消耗和污染物排放量等指标都有一定程度的降低，建设绿色商业已初见成效。

本章收集了北京市商业零售行业近几年已经实施并取得很好成效的有关清洁生产的管理制度、技术及相关资料，对其进行深入分析，从资源、能源、环境、效率四个方面进行相关的介绍。

6.1　清洁生产先进的管理理念和方法

6.1.1　概述

清洁生产管理是对清洁生产全过程进行组织与控制，最大限度地协调组织内和生产中的各种关系，从而使商业零售行业的清洁生产活动达到最大效果。它是为了推进可持续发展，最终求得在各级决策过程中综合考虑经济与环境和社会的相互协调，促进并最终达到经济效益、环境效益以及社会效益三者统一的新管理思想。

清洁生产管理的最大特点就是对技术和决策的结合进行持续不断的改进，着眼的不是消除污染引起的后果，而是消除造成污染的根源。具体来说：

① 清洁生产管理是应用于商业零售行业的一种环境策略，是一种特殊的管理意识或思想；

② 清洁生产管理要求企业对自然资源和能源的利用要尽量做到合理；

③ 清洁生产的有效管理可使企业获得最佳的经济效益、环境效益和社会效益。

清洁生产管理最终的目标是提高资源能源利用效率，减少和避免污染物的产生，保护和改善环境，保障人体健康，最后促进经济与社会的可持续发展，简而言之为节能、降耗、减污、增效。

对商业零售行业来讲，要减少资源和能源的浪费，提高利用效率，限制污染排放，就必须构建起优秀的清洁生产管理模式，才能保障行业的可持续发展，促进行业的“多赢”。

6.1.2　清洁生产管理的原则

（1）系统性

系统性不是孤立地看待问题，而是要把考察对象置于一定的系统中，分析它在系统中的层次、地位、作用和联系。例如，考察企业实施的某一项清洁生产措施，就不能单单只看这项措施的实施效果的好坏，还应将该措施置于清洁生产的整体中，搞清楚它在整个过程中所占的地位、重要性，以及与其他措施间的联系。

（2）综合性

商业零售行业的服务环节都会产生废气、废水、固体废物等。如果仅仅是处理掉“三废”，则会造成大量的资源浪费。若将其中某个服务环节产生的“三废”加以综合利用，不仅会减少环境污染，降低资源的消耗，还能带来一定的经济效益。例如：将洗浴废水处理后用作冲厕用水、绿化用水等。

（3）动态性

清洁生产是持续改进的过程，是动态发展的。商业零售行业作为清洁生产刚起步不久的行业，其技术是不断进步的，其市场产品也在不断地推陈出新，因此，这就要求管理水平要与科技进步、经济发展紧密联系，保持行业清洁生产全方位的动态平衡。

（4）目标性

清洁生产管理模式的设计过程中，从理论与实践的角度考虑，目标化是推行清洁生产的重要途径。假如一个范围没有特定的目标，则这个范围必定会被忽视；假如没有方向一致的具体分目标来指导各部门主管人员的工作，那么商业零售行业的规模越大，人员越多时，发生冲突和浪费的可能性就越大。同时，如果没有设定目标责任人，清洁生产工作的落实程度将会很差。所以，制订清洁生产管理目标体系有利于为清洁生产的过程控制提供标准。

（5）生态无害化

清洁生产应该是无害化工艺，它不能污染空气、水体和地表土壤，不能危害操作人员和居民的健康，不损害风景区、休闲区的美学价值。

（6）生产组织的合理性

该原则旨在科学、合理地利用各种原料与能源，从设计和结构上优化商业零售行业的生产服务过程，在某些生产过程中减少不必要的劳动力用量，降低物耗和能耗，利用新能源、新设备、新技术等。

6.1.3 清洁生产管理中的先进机制

商业零售行业的清洁生产管理体系作为一个完整系统，需要有切实可行的保障机制，才能保证清洁生产管理模式的有效运行，避免流于形式。

（1）强制性机制

强制性机制是指利用政策手段（如政府对商业零售行业污染物排放的相关标准、餐饮油烟排放标准等）强制实施清洁生产工作，它明确地表达了对商业零售行业实施清洁生产的最低限度要求，因而清洁生产行为或活动具有较明确的约束力。

该机制适用于商业零售行业中某些不配合清洁生产的企业或部门，必须遵从一定适应清洁生产需要的规定要求，实施某些具有清洁生产效果的必要活动。

（2）激励性机制

激励性机制指的是通过相关的激励制度，引导、刺激各部门落实清洁生产工作的积极性的作用机制。它虽然没有直接干预各部门的清洁生产行为，但通过将员工的经济利益与其对清洁生产的决策行为或实施力度结合起来，刺激、影响着清洁生产行为。

该机制适用于商业零售行业某些对清洁生产工作热情不高、落实程度差的企业或部门，其中，奖赏制度可以调动员工的积极性，惩罚制度可以起到一定的威慑性。

具体措施如：建立清洁生产表彰奖励制度，对在清洁生产工作中成绩显著的部门和个人给予适当表彰和奖励；建立清洁生产基金，专门用于实施员工关于清洁生产措施所提出的行之有效的改进建议；定期公开各部门清洁生产工作的落实情况，对于落实不到位的部门进行一定的惩罚等。

6.1.4　构建绿色供应链管理

零售企业在绿色供应链系统的构建与总体战略的制订过程中需要扮演主导者的角色。零售商作为绿色供应链中的核心企业需要更加强调“与环境相容”的原则。在绿色供应链管理的每一个环节都要遵循“与环境相容”这一原则，把增进社会福利、实现环境资源的最优配置作为绿色供应链管理的目标，在初始构建绿色供应链系统时就要严格执行和遵从这个原则和致力于实现这个目标。因此，在系统的初始构建过程中，零售商要制订总体的环境管理战略，并且围绕着运营目标的实现来确定构建过程中的各类决策问题。同时，零售商应选择那些有相同绿色价值观的、恰当的合作伙伴是绿色供应链成功运营的基础。因此，在系统构建过程中，零售商对绿色供应商进行评价选择是非常重要的，不能仅考虑供应商的生产能力、交货价格、交货时间、产品质量、企业信誉等基本要素，更重要的是建立一系列对绿色供应商进行评价选择的指标体系，使用系统的绿色采购程序来对潜在供应商进行综合评价和选择。

6.1.4.1　针对供应商实施绿色采购管理

绿色采购管理是零售商实施全过程绿色供应链管理的源头，指的是企业在进行采购管理时必须考虑产品和生产产品的材料以及该过程是否是环境友好的。因此，绿色采购管理是整条供应链上减少环境问题产生的起点和根源，而采购绿色化程度的提高直接影响零售商主导型绿色供应链管理环境绩效的提高。

零售商在选择上游供应商时，除了需要检测供应商的产品是否符合环保要求外，还需要审查供应商在生产过程中出现的废水处理、废气排放、危险废物和有毒物质的处理是否符合相关环保认证，即零售商的绿色采购不仅仅限于考察产品本身是否绿色环保，还需要对整个生产过程进行考察。另外，还要审查零售商与供应商是否能够共同合作促进能效提高，以减少对自然资源的使用。因此，零售商的绿色采购管理需要做好对供应商的评价选择，注重与供应商的积极合作以及对供应商实施必要的监督审查。

（1）对供应商进行评价选择

零售商主导型绿色供应链管理实践中最关键的步骤是绿色采购管理，而绿色采购管理最关键的环节是对供应商的评价选择，这也是绿色供应链管理的前提。合适的供应商是零售商主导型绿色供应链管理有效运行、保持和提高其竞争力的有力保障。一般供应链供应商评价指标体系主要包括价格、质量、技术水平、交货能力和供货能力等。而绿色供应链管理条件下对供应商的选择条件，要选择具有核心技术、长期环保的供应商，要把环境因素作为考察供应商的一个重点，以确保在整条供应链的运营过程中贯彻防止环境污染和节约能源的意识。

（2）与绿色供应商积极合作

为了确保绿色供应链管理经济绩效和环境绩效目标的实现，零售商需要推进与绿色供应商在清洁生产、绿色包装以及绿色技术等方面的合作，这会使双方受益。

6.1.4.2 零售商内部绿色管理

零售商主导型绿色供应链管理实践的重要环节之一是自身做好内部绿色管理，要求零售商内部从战略高度上确立“绿色”在企业发展中的重要地位，从而指导企业在内部的经营管理上做出具体安排，打造与宣传零售商的绿色品牌形象。

（1）设立专门的环境治理机构，科学制定能源管理制度

零售商需要配备专业工作人员专门负责内部的环境管理工作，同时设立专门的治理机构以监督和治理绿色供应链管理的实施和发展，并且要科学设置该部门的组织结构，使其在零售商内部具有话语权，能够有效地实施相应的环境治理职能。其主要职责有：

① 对供应商绿色行为进行监督管理；

② 对绿色资源和绿色产品开发进行治理与控制；

③ 对绿色产品的质量进行监测与控制；

④ 对其他环保指标进行设计与考核；

⑤ 设立能源考核指标，监督管理能源使用状况。

(2) 打造绿色经营环境

零售商主导型绿色供应链管理实践中自身内部绿色管理的重要内容之一是确保零售商经营环境的绿色化。零售商的绿色经营环境能够使消费者在购物过程中获得生理和心理的满足，能为消费者提供一个有益于身心健康、清新愉悦的购物场所，进而确保消费者购买到称心如意、安全无害的商品。

1）禁止过度装潢经营场所　近年来，有些零售商为了提高对消费者的吸引力和影响力，不惜花重金对零售商店进行装潢装饰以提高经营档次，但也造成了对购物环境的污染。商场的装修设计应满足“与环境相容”的要求，装潢时尽可能选择使用绿色环保材料，尽可能不用或者少用对人身体有害的装修材料。

2）努力减少粉尘、噪声污染　零售商在经营过程中会出现粉尘和噪声污染，这是因为零售商的经营场所人群比较集中且流动性很强，应采取有效的方法来减少粉尘和噪声污染；应科学设计零售商经营场所的布局，根据目标顾客流量，设计合理的人群流动路线和足够的人群流动通道，尽可能避免造成人群拥挤和无效穿越的问题；减少员工数量，推广自助购买和无人作业；使用除尘、降尘设备，确保空气中的粉尘含量符合国家的相关规定；推行无干扰服务，合理使用店内的广播系统和音响。

(3) 实施节能减排管理

零售商一方面要关注提高能源效率，另一方面要关注如何实现节能环保和促进资源的循环利用。在零售商的价格战中，节能减排已经成为降低成本的重要手段，也逐渐成为了零售商新的利润增长点。

1）开展节能技术改造　2010 年国家强制性行业标准——《超市节能标准》进入试行状态，重点促使零售商在店内的照明、电梯、空调及其他耗能设备上做好节能工作，对企业在节能灯具、自动控制扶梯、变频空调以及节能型冷藏设备等节能设备的使用上加以技术引导和鼓励，以提高零售商节能降耗工作的积极性。

2）建立节能管理中心，加强能耗管控　零售商通过成立节能管理中心，可全天候监控空调系统、照明系统、制冷系统，确保节能设备的正常运营和节能措施的贯彻落实，从而有效地降低能耗。同时，零售商需要加强能耗的统计分析和成本核算，可以通过建立能源考核制度，每月进行能耗分析，制定自身节能目标和各种相关措施，加强对经营能耗进行考核，对于先进的节能措施和管理模式及时进行总结与推广。

3）建筑节能，建立节能环保店　零售商在建造商店时应符合建设部发布的《公共建筑节能设计标准》的要求，要按照《国务院办公厅关于严格执行公共建筑空调温度标准的通知》（国办发〔2006〕42号）的要求，在建设时采取有效措施，加强室内温度控制。这需要零售商对现有建筑的保温隔热以及采暖、通风、空调等方面的能效系统设施进行全面改造；与此同时，还需要保证这些节能举措对消费者购物的舒适度不会产生负面影响。《中国连锁零售业环保节能状况绿皮书》显示，外资零售商在店铺环保节能上走在了前列，节能店要比传统店面整体节能20%～30%。

6.1.4.3 针对消费者实施绿色营销管理

零售商主导型绿色供应链管理实践的重要内容之一是针对消费者的绿色营销，这关乎零售商最终经济绩效的实现，及对上游供应商利润和市场份额承诺的兑现。零售商实施绿色营销，总体上要求在营销全过程和各层面中重视环境保护，贯彻绿色意识。绿色营销不仅仅是向消费者销售在生产过程中没有受到污染并且能够有助于顾客健康的商品，也意味着零售商营销过程的“与环境相容”，即零售商实施绿色营销组合策略时，能够降低污染和浪费，提高资源使用效率，具体内容如下。

（1）绿色产品策略

零售商的绿色产品策略包括了经营绿色产品、打造绿色品牌和实施绿色包装三个方面的工作。

1）经营绿色产品　通过销售商品或服务来满足消费者需要是零售商的基本职能。零售商对环境保护和资源合理配置的影响主要集中体现在所经营的商品或服务上，经营绿色产品是零售商最好的选择。绿色产品指的是有利于消费者身体健康、有利于环境保护和促进资源合理利用的产品。有别于传统普通产品，绿色产品严格遵循无毒、无害和无不良反应原则，同时有严格的检验标准和程序作为保障。商业零售商经营绿色产品，既满足了消费者的客观需求，也是零售商可持续发展的必然选择。但需要注意的是，零售商在经营绿色产品的过程中必须加强对绿色产品的监督检查。

2）打造绿色品牌　零售商需要塑造独特的绿色形象，创立零售商绿色品牌，以便于培养忠诚的绿色消费群体。这可以通过积极经营具有绿色产品标志的商品来实现，这是一种印在商品或包装上的图形，用以表明该产品在生产、使用以及处理过程中符合环境保护要求。该图形和标志一方面可以引导消费者在选购商品时参与环保活动；另一方面它已经同价格、质量因素一样成为了消费者选择商品时考虑的因素。

3）实施绿色包装　营销过程中零售商要充分发挥流通环节对生产和消费的引导作用，大力宣传和倡导节约风尚，使消费者充分认识到过度包装对资源消耗、环境治理和社会长远利益带来的危害，同时还要积极引导供应商实行“绿色包装”。绿色包装是指企业在包装时尽可能做到短、小、轻、薄，同时包装设计要以绿色环保为指导思想，材料选择要做到无毒、无害且不会产生不良反应，并且所使用的材料方便回收再利用，或者易于分解处理，不会对环境造成危害。

（2）合理制定绿色价格

零售商绿色营销策略中一个重要的策略是定价策略，零售商在定价时不能仅考虑盈利，同时要考虑消费者的绿色购买能力，尽可能把绿色产品的价格定在一个合理的区间内。根据统计，绿色产品的售价比普通产品的价格要高出 20%甚至达到 200%。这主要是因为绿色产品的研发和生产比同类普通产品的投入大，对生产过程和销售过程有较严格的要求。应综合考虑产品成本的变化趋势、市场的发育程度以及消费者对绿色产品价格的敏感度等因素来合理定价。

（3）绿色渠道策略

渠道策略是营销组合中的重要内容，其中物流是渠道策略中的重要内容。根据商品实体流动的方向可以把零售商的物流活动分为“正向物流”和“逆向物流”。“正向物流”是商品从零售商向下游消费者实体流动的过程，即商品从零售商到消费者的流动过程，一般提到的商品物流主要是指正向物流。“逆向物流”是商品从消费者向上游各个物流节点流动的过程，即从消费者到零售商再到供应商的流动过程，称为“逆向物流”。零售商绿色渠道策略的重点内容不仅包括如何向消费者实施绿色物流，还要考虑如何从消费者手里回收再利用一些产品，即逆向物流。

1）实施绿色物流策略　零售商在使绿色产品送达到消费者手中时，还要确保建设和使用的分销渠道模式是绿色环保的。零售商绿色分销渠道的建设，主要体现在仓储、运输和配送环节上。零售商应选择无污染的运输工具，减少废气排放和燃料消耗；合理设计运输路线以节约运输时间和运输成本；储存方法要科学化，有效地减少库存的消耗和损坏；合理设置配送中心，降低货损量和资源耗费；减少供应的层次和环节，缩短供货时间，同时节省人力、物力和财力。

仓储是企业物流活动的一个重要组成部分，实施绿色仓储管理可以减少货物损失，降低运输成本，减小仓储过程对环境的污染。在仓库选址时，除了节约运输成本外，还要充分考虑仓库建设和运营对环境可能产生的影响。此外，仓库布局要科学合理，最大限度地利用仓储面积，减少仓储成本。

2）积极引入逆向物流　逆向物流将废弃、淘汰、闲置或者有问题的物品从消费领域向流通领域、生产领域和再消费领域逆向流动，实现了资源的可循环再利用。对于实施绿色供应链管理的零售商，不能只研究和关注向消费者销售绿色产品，还要考虑对消费者使用商品后的废物如何回收再利用，这样才能够真正地履行社会责任。直接面对消费者的零售商，在逆向物流过程中可以担当重要的功能，而开展对废旧商品的回收再利用，是推行绿色供应链管理的重要实践内容之一。

目前，零售商实施绿色逆向物流可以采取三种方式：

第一种方式是大型连锁零售商可以自建“返品中心”以实施产品回收，例如，沃尔玛目前已经在全球设有“返品中心”专门从事产品的回收；

第二种方式是规模较小的商业企业联合建立逆向物流中心，集中处理各个企业的逆向物流；

第三种方式是零售商与专业的逆向物流治理企业合作。

（4）绿色促销策略

零售商实施绿色营销需要与消费者进行沟通，改变只是单一销售绿色产品的做法。在沟通时零售商应实施绿色促销策略，及时向消费者提供相关的绿色信息，包括绿色产品信息、绿色资源信息、绿色价格信息、绿色产品开发和生产信息、绿色法规信息以及绿色消费信息等，要指导和帮助消费者选择绿色消费方式，为选购绿色产品提供可靠的信息，并普及绿色环保知识。

6.2 清洁生产先进技术

清洁生产技术分类汇总表见表 6-1。

表 6-1 清洁生产技术分类汇总表

名称	资源	能源	环境	效率
LED 绿色照明		√	√	√
中央空调变频智能控制系统	√			
电梯安装能量反馈装置		√	√	
冷冻冷藏陈列柜节能		√		
能源监测系统平台的建设		√		√
节水型器具		√	√	
雨水回收利用	√		√	

6.2.1 绿色照明

6.2.1.1 技术简介

绿色照明是要满足对照明质量和视觉环境条件的高标准要求，它是通过改善人们的工作、学习条件，提高生活质量。所以，不能仅靠降低照明标准来实现节能效果，而是要适时运用绿色照明理念指导实践，不断地完善技术水平，提高照明产品效能，以实现节约能耗并获得高质量照明环境。绿色照明需要先进的照明技术及灯具产品作为载体，而目前新型光源大功率白光 LED 的性能为绿色照明最大化提供了可能，随着 LED 技术的不断发展和完善，LED 灯具将会逐渐取代传统金卤及卤素灯，成为绿色照明的主战场。

LED 是发光二极管的简称，又叫光发射二极管，是一种能够将电能转化为可见光的固态半导体器件，它可以直接把电能转化为光能，属于固态光源。LED 有正极和负极两个电极。LED 通过外部电源驱动发光，电能通过正、负两个电极传输到半导体二极管内。LED 内部结构与半导体二极管相似，拥有 P 区和 N 区，两区相交汇的界面形成 PN 结。LED 允许电流单向导通，而 LED 电流的大小是由加在二极管两端的电压大小来控制的，根据加在两端的电压大小，利用流通 LED 的电流，最终驱使 PN 结发光，如图 6-1 所示。

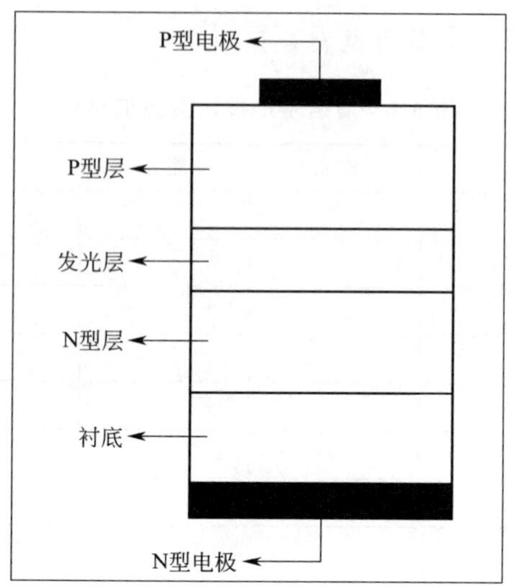

图 6-1　LED 芯片结构示意

6.2.1.2　应用范围和对象

LED 技术产业及其应用产品都取得了长足进步。随着 LED 在人们生活中的广泛应用以及在发展中国家偏远贫困地区的照明应用，LED 展现出了极好的发展前景。虽然 LED 光源在普通照明领域中的应用只是初见端倪，但 LED 将引领 21 世纪电光源领域的新潮流是一个不争的事实。

人们也正以极大的热情投入到 LED 照明产品的研发、生产和应用之中。Philips LumiLEDs 公司、Osram 公司、Nichia 公司和 Gree 公司在大功率白光 LED 的研发上都取得了新进展并有着不凡的业绩。我国针对国外发展趋势和国内的实际情况，正式实施了国家半导体照明工程，政策鼓励企业研究开发半导体照明工程，尽快实现产业化，推动传统照明工程转型。国内诸多企业、研究所和企业在发光材料器件结构封装方式等方面也做了大量的研究开发工作。

由于 LED 光源的高效节能等优势，LED 技术正在被逐步应用于灯具照明产品中，相关 LED 灯具被广泛地应用到商业照明和家居照明等领域。而商业照明通常照度面积大、光照时间长，在商业照明中采用 LED 能够起到非常大的节能环保作用。LED 技术的发展确实能够而且将继续到所有功率和颜色都实现为止。

6.2.1.3　技术的优势与缺点

传统照明产品如白炽灯、荧光灯、高压钠灯等，使用的电光源尺寸相对较大，光色固定，光束分散，发热量相对较高，这些因素都直接影响到灯具整体的尺寸、结构、布光变化和安装等实际应用条件。LED 解决了传统光源的不足。在外形上，LED 体积小、质量轻；在功能上，LED 节能高效、寿命长、驱动电压低、安全性能好、无红外辐射、抗震性好。这些优点都使其更适合应用于照明。

（1）环保节能

随着全球能源危机的到来，环保节能不仅仅是政府所倡导的健康生活方式，而且成为一种生活态度。而照明作为人类消耗能源的重要源头之一，也受到政府重视及人们关注。因此，照明灯具设计无论是在光源上还是在材料、系统设计、电器配件、散热措施以及结构等设计上都要体现环保节能。

（2）健康化

灯具是包括除核心光源以外的所有固定且保护光源所需的全部零部件以及与电源所接必需的线路附件，可以通俗地理解为其整体功能可透光、可改变和分配光源分布。可以说，照明灯具设计思想侧重照明实用功能（包括营造视觉环境、限制眩光等），且要力求防护层耐用。总的来说，通过照明灯具设计给人以健康舒适的照明。

（3）智能化

随着科技发展，有的灯具可以通过移动终端控制灯光开关及调光等，有的还可以通过声控、感应等各种高技术设计来控制，除此之外，还可以通过智能照明系统营造不同情境气氛，给人以愉悦感受。因而，通过智能化设计满足人们追求便利、愉悦享受、整体管理的需求已经成为灯具设计的发展趋势。

（4）人性化

灯具设计人性化是指在灯具设计时首先要以人的情感作为出发点，设计的灯具能真正满足人的需求，并且能从人的角度来创造舒适合理的光照意境。它可以从人的需求出发通过光展示形式、范围、亮度、颜色等各方面来调整以满足人的照明需求。

6.2.1.4 技术现状与推广前景

LED发光效率已能达到100lm/W以上，并且在显色上包含了多种色彩。近年来，LED产品制造成本已大幅下降，与此同时，产品质量大幅提高。

LED作为最新型的绿色光源，其优势特性正吸引着全人类的目光。美、日等国家对LED照明产品的应用效益做出预测：美国有55%以上的传统照明灯具被LED产品取代，每年节省电费达350亿美元，减少二氧化碳排放量7.6亿吨；日本100%的白炽灯更换为LED产品，每年节省原油能耗10亿升以上，节省电能相当于一个大型核电站一年的发电量。1998年日本制订了“21世纪计划”，主要是对21世纪照明用LED相关产品进行系统性研究。计划实施后的数年间，日本有多家照明企业均有LED照明产品问世，如索尼、佳友电工等。国际知名企业如德国飞利浦、欧司朗，美国GE等也投入大量资金进行LED照明产品研发和生产。在中国，台湾的LED相关产品产量仅次于日本，从20世纪90年代末开始台湾陆续投入6亿台币进行LED相关产品研发推广。

在全球能源紧缺的环境下，LED在照明领域的潜在市场和光明前景越发受到人们的追捧。同时，LED光源技术仍保持着迅猛的发展势头，其自身固有的优势加之发光效率的逐步提高，更促使了LED成为未来10年最大和最被看好的市场，相关LED灯具也将成为完全取代传统照明灯具的极具竞争力的产品。

6.2.2 中央空调变频智能控制系统

商业建筑中央空调系统运行状态的有效控制是使之达到节能目的的有效措施，因此一般要根据建筑内部的实际需求来调节空调系统的风机转速，随着变频技术在三相异步电动机中的广泛应用，使得这种通过变频的方式来控制设备运行状态的方法在空调系统中得以迅速推广。在中央空调系统中，通过设置变频器来改变频率，使其根据建筑内冷热负荷的要求来自动控制电动机的运转速度，当所需风量减小时，通过变频器调速降低电动机转速，以节约电能。经测试发现，对空调机组、末端设备和水泵等设备采用变频控制可以减少设备能耗的 30%以上，并且变频变速与传统变速相比其调速范围更广，可使电动机实现平滑的无级变速，同时由于变频器的启动方式为软启动，因此不会因为启动瞬间电流过大而对电网造成冲击。

6.2.2.1　技术简介

常规情况下如果在中央空调系统中采用定流量循环水控制系统则往往需要将冷冻水泵的电机工作状态设定为前期预估的最大负荷，即按照夏天最热和冬天最冷的情况（热交换量最大时）来预设，这样才能满足需求，而这时必须将冷冻水泵的转速设定为一个较高的定值，以增加冷冻水的流量和流速，这就很容易造成不必要的能耗，因为中央空调的工作负荷往往是变化的，例如一段时间甚至一天里的气温是不断变化的，同一个房间在不同的时间段所需要的温度调节量也是不断变化的，在定流量的情况下，大量在冷冻水泵的作用下经过制冷主机降温的冷冻水在通过冷冻水管道进入室内各个出风口处时尚未充分进行热交换就又被送回冷水机组中了，造成水泵的能源利用率降低。而如果采用变流量循环水控制系统就可以解决由于中央空调在大多数情况下的负荷（即热交换量）小于设定值而造成的冷冻水泵的非必要能耗的问题，因为在变流量循环水控制系统中不必将水泵电机容量设定为最大值，而是系统能够根据用户所需实际热负荷的大小来实时调节冷冻水的流量和流速，这样在各室内出风口处的风机盘管组件中的冷冻水所释放的冷量就与实际所需负荷相匹配，从而降低冷冻水泵电机的能耗。

电机耗电量的多少与电机的输出功率成正比，而循环水泵中电机的输出功率又与其电机转速 n 的立方成正比，且电机转速 n 与电网供电频率 f 是正比例关系。因此，如果要降低电机的耗电量，即电机的输出功率，只需利用变频技术使电机能够根据实时热交换量（负荷）来调节其转速即可。转矩和转速的平方是正比例关系的负载一般被称为平方减转矩负载。

总的来说，利用变频技术进行技术改造后的中央空调循环水系统具有以下几个突出优点。

① 降低循环水泵的能耗：在多台水泵并联运行的情况下如果负荷降低，则可以由变频器调节其中一台水泵的转速，而利用预置于 PLC 中的程序控制切断其余运行在工频状态的水泵。

② 变频技术可以实现电机的无级调速，使电机调速平滑且无冲击杂音，

延长电机寿命。

③ 循环水泵的电机借助变频器的调压调频功能可以实现软启动，减小对电网的影响。

④ 显而易见，在绝大部分空调系统中都只有一套循环水泵且水泵容量固定，而它要满足夏季和冬季不同的热交换需求量就需要利用变频技术来控制循环水的流量和流速，这样可以提高水泵效率。

⑤ 在中央空调系统中有一个部件即节流阀，它以阻力的方式对循环水流量进行干预，这就会降低循环水泵的能效，而借助于变频技术就可以通过调整电机转速来改变流量和流速，从而部分代替节流阀的作用，提高能效。

6.2.2.2 技术现状

从20世纪60年代开始，在空调系统的自动控制中新兴的以PID为核心的直接数字式控制（DDC）和自适应控制逐渐取代了双位ON/OFF式控制，DDC控制方式在系统工作状态稳定、外部干扰较少的情况下具有较好的控制效果，因而在很多中央空调自动控制系统中得以应用，但是中央空调系统具有时变性、大滞后性、非线性等特点且参数未知并有随机或延时的干扰，难以建立其较为精确的数学模型，所以通常系统需要进行人工调节，且能耗较大，这对于对被控对象数学模型精确度要求较高的传统PID控制方式来说就有了可以进一步改进的空间，所以，基于实际操作经验和专家知识的模糊PID控制就成为了人们研究的热点。

我国对模糊控制在空调控制系统中的应用研究开始于20世纪70年代中后期，在目前应用的诸多中央空调控制系统中比较注重运行管理控制方法的研究，普遍采用多回路PID控制，也有不少研究和成果。《中央空调水系统节能控制装置技术规范》已于2011年11月1日正式实施，该标准不仅规范了我国中央空调水系统节能控制技术，推动了节能控制技术的进步，还将促进我国中央空调节能产业的健康发展，通过推广实施该技术标准，将大幅度降低我国中央空调系统运行能耗，产生良好的社会效益和经济效益，为建设资源节约型社会做出贡献，今后的中央空调水系统节能控制装置将实现变频调速技术、现代模糊控制技术、系统集成技术和计算机技术的技术集成，开创中央空调控制发展的新方向——智能模糊控制；同时，新标准的实施将使原有的许多中央空调面临产品节能不达标的问题，这势必促进模糊控制在中央空调系统中的应用研究。

6.2.2.3 技术适用条件

理想的中央空调变频节能控制系统应该具备以下特点：

① 从系统工作性能的稳定性出发，无论是面对由于室内人员变化还是天气气温变化所引起的负荷变化，系统内的冷冻水和冷却水的供回水温差都应保持不变；

② 系统对于负荷的实时变化有足够快的反应速度和能力以求减少能耗；

③ 系统设计应尽量简单合理，符合技术经济学要求；

④ 系统应该具备一定的储能功能，提高能效。

针对中央空调系统的这些要求，可以利用变频技术设计完善该系统中循环水的变流量系统来实现。其理论依据为：首先，常用的定流量循环水系统虽然设计简单，但其存在一定的缺点，在该系统中中央空调运行时循环水泵的电机持续工作在工频状态下，无论系统的负荷如何变化，其所提供的系统循环水流量都是一个定值，仅通过压缩机、冷凝器等的作用利用供回水温度的变化来满足负荷需求，又由于供回水流量的变化是通过工作的水泵台数决定的，这就让水泵电机能耗无法调节，造成了浪费；其次，如果在系统中采用变流量的循环水供给系统则可以通过合理控制水泵的工作台数或利用变频器实现无级调速降低水泵转速来减少能耗，这是因为变流量系统可以在保持管路中出/回水温差不变的情况下通过改变管路中水流量的方式来满足系统对负荷变化的响应。

6.2.3 电梯能量反馈装置

6.2.3.1 技术简介

(1) 电梯工作原理

电梯主要由曳引机（绞车）、导轨、对重装置、安全装置（如限速器、安全钳和缓冲器等）、信号操纵系统、轿厢与厅门等组成。这些部分分别安装在建筑物的井道和机房中。曳引绳两端分别连着轿厢和对重，缠绕在曳引轮和导向轮上，曳引电动机通过减速器变速后带动曳引轮转动，靠曳引绳与曳引轮摩擦产生的牵引力，实现轿厢和对重的升降运动，达到运输目的。

图 6-2 为四层电梯示意，可以把电梯简单理解成一个两端分别悬挂轿厢

和配重的定滑轮组，起滑轮作用的曳引机实际上就是一部电动机。当电动机正向或者反向旋转时，轿厢会相应地上行或者下行，实现了电梯运送乘客或者货物的目的。位于电梯控制系统中的变频器是驱动电动机运行的装置。一般来讲，电梯平衡系数为45%左右，即轿厢内放置45%左右载重时，轿厢与电梯配重的重量相当。

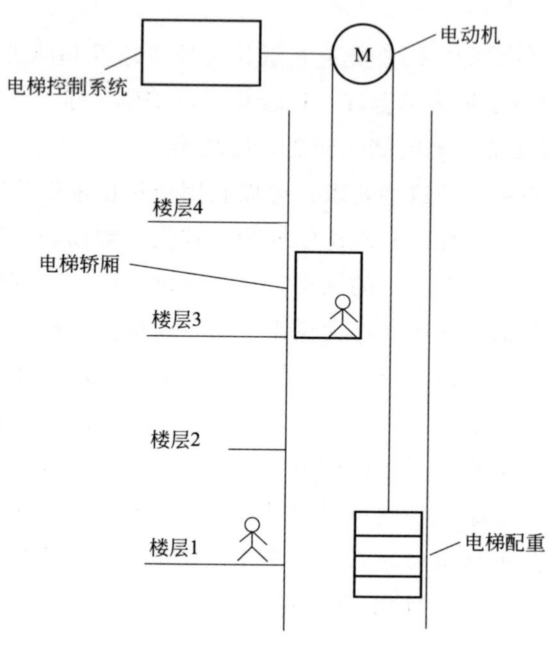

图 6-2　四层电梯示意

电梯的运行分为以下几种工况。

① 轿厢或配重较轻的一边上升，例如空车上行和满载下行，这是系统释放势能的过程，此时曳引机工作在发电状态。

② 轿厢或配重较轻的一边下降，例如空车下行与满载上行，此时系统势能在不断增加，曳引机工作在电动状态。

③ 当电梯到达所在楼层减速制动时，系统释放动能，此时曳引机也工作在发电状态。

④ 电梯在半载或在接近半载状态下运行，此时曳引机工作在平衡或接近平衡工况，这是电梯运行的最大概率工况。

当电梯运行在工况①、③时，曳引机工作在发电状态，所产生的能量通过电动机和变频器转化为变频器直流母线上的直流电能。这些能量被临时存储在变频器直流回路的大电容中，随着电梯工作时间的持续，电容中的电能和电压会逐渐升高，导致过压故障，使电梯停止工作。目前，电梯为了避免过压故障，通常在直流母线上加制动电阻，将这部分能量以发热的方式消耗在制动电阻上。这种方法不仅将能量白白浪费掉，而且对周围环境的影响很大。有些情况下，给机房散热的空调和风机等设备的耗电量甚至超过了电梯本身。

（2）能量回馈系统工作原理

能量回馈系统是将电梯变频器直流侧大电容中储存的直流电能转换为交流电，并回送到电网，主要由滤波电容、三相 IGBT 全桥、串联电感及一些外围电路组成。电梯能量回馈系统的输入端与电梯变频器的直流母线侧相连，输出端与电网侧相连。

能量回馈系统的工作过程如下。

① 当电梯曳引机工作在电动状态时，开关器件全部被封锁，处于关断状态。

② 当曳引机工作在发电状态时，能量累积在变频器直流母线侧，产生泵升电压，当直流母线电压超过启动有源逆变电路的工作电压并满足其他逆变条件后，能量回馈系统开始工作，将直流母线上的能量回馈电网。随着这部分能量的释放，直流母线电压逐渐下降，当回落到设定值后，回馈系统停止工作。另外，连接在逆变电路与三相交流电网之间的高频磁芯扼流电抗器将吸收直流母线电压和电网线电压的差值，以减小对电网电压的影响。

电梯能量回馈的本质是将直流电能转换为交流电能的有源逆变，其目的是将曳引机在发电状态下产生的直流电能通过逆变回馈交流电网，实现节能并尽量避免逆变输出电能对电网的污染。因此在电梯能量回馈过程中，系统要求在相位、电压、电流等方面满足如下控制条件：

① 逆变过程必须与电网相位保持同步关系，且尽量在电网电压的高电压段向电网回馈能量。

② 当直流母线电压超过设定值时才启动逆变装置进行能量回馈。

③ 逆变电流必须满足回馈功率的要求，但不大于逆变电路所允许的最大电流。

④ 应尽量减少逆变过程对电网的污染。

6.2.3.2　应用范围及对象

能量反馈器的应用范围非常广泛。它可与 220V、380V、480V 电压等级的变频器配合使用，功率等级 15～40kW 均可适用。其尤其适合于楼层高、运行频率高、梯速快和停站多的变频电梯。

6.2.3.3 技术的优势与缺陷

能量反馈器有以下几个特点：

① 节能效果明显；

② 安装方便，即装即用；

③ 工作可靠，谐波含量较少；

④ 有完善的保护功能。

但目前普遍存在的问题是：国外研制的装置价格昂贵，对电网的要求很高。

6.2.3.4 技术的现状与推广前景

目前，对电梯能量回馈技术国内外都有研究。为了解决电动机处于再生发电状态时产生的再生能量，德国西门子公司已经推出了电机四象限运行的电压型交-直-交变频器，日本富士公司也成功研制了电源再生装置，如 RHR 系列、RENIC 系列电源再生单元，它把有源逆变单元从变频器中分离出来，直接作为变频器的一个外围装置，可并联到变频器的直流侧，将再生能量回馈到电网。同时，有报道国外已见到有四象限电压型交-直-交变频器及电网侧脉冲整流器等的研制。

电梯是现代建筑的重点用能设备之一，随着我国建设不断发展，城市化水平不断提高，电梯的拥有数量呈不断上升趋势。2007 年全国约有电梯 91.7 万台，目前已超过 100 万台。这些在用电梯约有 1/3 为交流双速、交流调压调速等老旧电梯，节能电梯不足总量的 10%，采用永磁同步拖动技术的不足 5%，应用制动电能回馈制动技术的不足 0.5%。根据国家特种设备主管部门的近期统计和预测，今后几年我国电梯的增长量还将在 15%以上。电梯节能降耗工作存在较大潜力，将成为今后建筑节能改造重点对象。

通过电梯节能技术的应用，可以缓解我国城市发展过程中的电力紧张局势。该技术在电梯下行时将电能返回电网，进入电能再生运营状态，实现了能源的重复利用，使全球电梯市场节能技术运用有了质的飞跃，同时也将为我国建设节约型社会实现可持续发展战略做出巨大贡献。

6.2.4　冷冻冷藏陈列柜节能技术

6.2.4.1　智能控制优化

冷链智能控制系统内采用模块管理的方式，从冷链系统整体角度出发，对制冷压缩机和防结露加热器分别进行自动化控制（图 6-3）。

图 6-3　冷链智能控制下的机器运转图

一般制冷压缩机的“大马拉小车”问题主要产生在机械压力开关的控制上面，这是导致制冷压缩机的工作输出和终端负荷无直接相关联，导致浪费电力的主要原因。为此冷链节能控制系统通过采用高效元器件，优化产品设计，充分发挥高效元器件节能作用，使压缩机设备的能效与终端的负荷能够很好地匹配，避免所谓“大马拉小车”的问题。

① 大幅减少机器的开关次数，延长机器的使用寿命。

② 自动调节机器的负荷平衡，防止机器过热烧毁。

③ 促进油的回收，防止油的炭化。

④ 压缩机的年平均运转率为 40%～70%。

超市内岛柜的防结露加热器根据店内温度和湿度，结合日历功能对防结露加热器进行监视和自动化精准控制，防止浪费运转。防结露平均运转率为 50%～70%。

通过上述整体的优化系统控制，调整现有的运行模式，年综合节电率可达 15%以上。

6.2.4.2　节能型 EC 风机

目前陈列柜在解决风循环上基本都采用风机循环式，风机的种类有多种，常用的有罩极风机、电容风机以及变频调速风机等。罩极风机的输入功率较大，输出较小，效率非常低；电容风机的效率要高于罩极风机，但需要与电容配套使用，较烦琐；变频调速 EC 风机的出现既解决了电机效率问题，又无需与其他元件配套使用，还可实现按需调速的功能，因此被广泛应用。据统计，每使用 1 台 EC 风机比使用罩极风机年节约电量 161kW·h，以一年 100 家新卖场递增量，每个卖场使用 100 个风机为例，则年节电 161 万千瓦时。

6.2.5 节水型器具

6.2.5.1 技术简介

节水型生活用水设备（简称节水设备）是指满足相同的饮用、厨用、洁厕、洗浴、洗衣等用水功能，较同类常规产品能减少用水量的设备、用具，包括节水型水龙头、节水型便器以及冲洗设备、节水型淋浴器等。一般节水型器具较传统用水器具可节省 1/10～1/2 用水量。以节水型水龙头（图 6-4）为例，是指符合《节水型生活用水器具》（CJ 164）规定的陶瓷片密封水嘴（节水型水嘴），根据规定，不仅要具有手动式或感应式的功能，还应具有控制水龙头出水流量的功能。

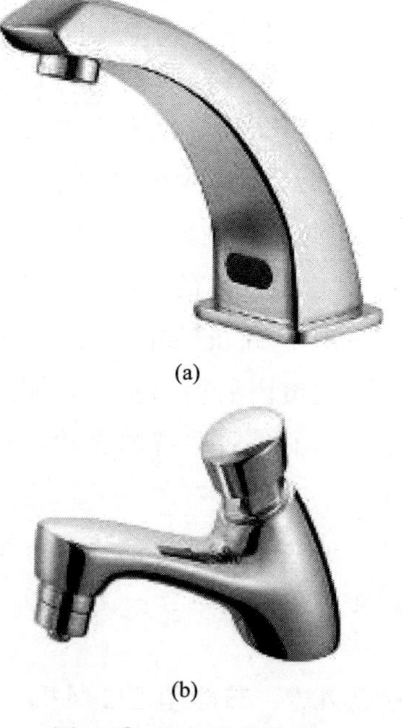
(a)

(b)

图 6-4 节水型水龙头

目前，社会上常用的节水型水龙头工作原理如下。

① 限流节水，即限制流量以减少用水过程中水的无谓流失。规定节水水龙头在水流量小，动态压力为（0.1±0.01）MPa 水压下 1min 出水 0.54L，在动态压力为（0.3±0.02）MPa 水压下 1min 出水 0.9L（国家标准≤9L/min，以节水型水龙头 7.5L/min 为例作比较，节水水龙头 0.9L/min，1min 节水 6.6L，节水率 88%，是传统节水水龙头用水量的 1/8）。

② 缩短节水水龙头开、关时间，减少开关过程中的水量浪费。

③ 陶瓷密封减少滴漏。

6.2.5.2　应用范围和对象

该技术适用于存在以下问题的企业：

① 大部分水龙头是传统水龙头；

② 水龙头长期存在“跑、冒、滴、漏”的问题；

③ 定期维修困难；

④ 客流量大，用水量大，使用时不能及时关闭，浪费严重；

⑤ 节水意识不足等。

6.2.5.3　技术的优势与缺陷

与普通水龙头相比，节水水龙头的优点如下。

① 雾化技术原理的设计，使出水水流呈高速旋转的细珠化喷淋，具有辐射圆面积大、冲洗手感好、冲洗清洁效果佳、节水率高等卓越性能。

② 节水水龙头的喷嘴体积较小、外形精良、便于安装使用。

③ 节水水龙头的喷嘴具有增加水压力的功能。

以触控式节水阀为例，它可以直接安装在原水龙头出水嘴处，安装方便，使用简单。在（0.2±0.02）MPa 水压条件下测试：不安装节水阀，流量达到 12.3L/min；安装起泡式节水阀，流量降至 6.2L/min，省水 50%。

企业在选择节水水龙头时应根据自身的实际情况，通过对各类节水水龙头的材质、处理工艺、出水水流速度、使用寿命、便利程度、维修费用等方面进行对比分析，最终挑选一款最合适、最经济的节水水龙头。

6.2.5.4　技术现状与推广前景

很多国家和地区都十分关注节水器具应用。美国加利福尼亚州法律规定，到 1988 年每户都要安装节水器具，每次冲厕用水量不能大于 5.7L。在斯堪的纳维亚地区，大便器冲洗用水量从 1975 年就一直是 6L，而瑞典从 1980 年推出每次冲洗水为 3L 的大便器。日本也在各大城市推广使用节水阀芯，并且这些阀芯都是可以在相关水务公司免费领取的。水龙头配上这种阀芯后，节水率可达 50%以上。日本还大力推广采用两挡便器冲洗水箱，即使是利用杂用水冲洗的大便器，其水箱也是采用的两挡。日本还开发了多种浴室节水型淋浴器，如：带恒温装置的冷热水混合栓，可以按设定好的温度，开启扳手后迅速地调节至合适的温度；定量停水栓，达到预先设置的热、冷水量，即可自动停水，防止热水和冷水的浪费。

2002年，我国制定了《中华人民共和国城镇建设行业标准（节水型生活用水器具）》，大力推荐使用节水型用水器具，对市场上的各种节水型设备作了严格的规定，指导大家的使用。之后为了更好地推广节水设备，于2005年国家发改委、科技部会同水利部、建设部和农业部又发布了《中国节水技术政策大纲》。2011年，中共中央、国务院下发了1号文件《关于加快水利改革发展的决定》，提出了实施最严格的水资源管理制度，加强用水总量控制、加强用水效率控制、加强水功能区纳污控制、严格水资源管理责任和考核等重点任务，其中强调了“尽快淘汰不符合节水标准的用水工艺、设备和产品”，这些文件的发布均为节水器具的深入推广使用提供了政策上的保证。

目前，随着城市化人口的增多，生活用水量也在不断地增加，供水与用水之间的矛盾日益显现。而宣传、推广使用节水器具，可以在一定程度上改善供水与用水、水费涨价与水费开支增加之间的矛盾，使供求关系得到一定的缓和，使居民在不影响正常合理用水的条件下，水费开支不增加反而减少的双赢、和谐的局面，由此可以看出，节水型水龙头的市场前景将非常广阔。

6.2.6 雨水回收利用技术

6.2.6.1 技术简介

雨水回收利用系统是指将雨水根据需求进行收集后，并经过对收集的雨水进行处理后达到符合设计使用标准的系统，主要由弃流过滤系统、蓄水系统、净化系统组成。

企业（建筑）雨水利用系统是一个系统性的工程，需要因地制宜，合理规划。例如雨水随季节的变化情况，对雨水处理后的水质要求，收集到的雨水利用时应该与现成的水资源合理搭配等；否则，处理不得当，会适得其反，成为“空架子”。

雨水利用系统的运行一般分为雨水资源的收集、雨水资源的调蓄、雨水资源的分配利用三个步骤。

(1) 雨水资源的收集

雨水资源的收集就是利用自然和人工营造集流面把降雨径流收集到特定场所。在商业零售行业大型业态中，雨水主要包括屋面雨水，广场、道路雨水，绿地雨水，运动场雨水等。雨水收集时应根据不同的径流收集面，采取相应的雨水收集措施。商业建筑一般按功能分区集中建设，屋面雨水收集方式可按雨水管道的位置，分为外收集系统和内收集系统。一般情况下，应尽量采用外收集方式或外内综合考虑。如果建筑设计采用内排水方式，最好在设计阶段就考虑处理好雨水收集利用的关系，避免后期改造的困难。然后根据屋面面积或屋面设计的雨水流量，计算出集水管的管径及配管系统。

广场和道路等汇水面广，径流量集中，雨水收集时可采用雨水管网、雨水暗渠、雨水明渠等方式。这些集水面的雨水污染小，经过初期弃流，可直接用于浇灌、洗车或进入附近人工水体。

绿地雨水收集其实也是一种雨水利用单元。由于绿地径流系数很小，可能收集不到足够的雨水量，应通过综合分析，利用绿地特点，最大限度地发挥绿地作用。另外，在雨水收集的同时，一定要注重雨水径流截污措施，因为源头污染控制成本低、效率高。如果在雨水调蓄过程中再处理，则不仅烦琐，还会增加很多不必要的成本。

(2) 雨水资源的调蓄

常见的雨水资源调蓄的主要方式有雨水调蓄池、雨水管道调蓄及多功能调蓄。由于雨水储存时对温度要求很高，一般水温 15～18℃易发生腐败而变味。雨水调蓄池分地下封闭、地上封闭和地上开敞三种形式。宜采用地下封闭式的钢筋混凝土池。其优点是节省占地，减少对地面用地的侵占，安全，便于雨水重力收集，避免阳光直接照射，保持较低的水温和良好的水质，藻类不易生长，防止蚊虫的滋生，同时具有防冻、防蒸发的功效，可常年蓄水，也可季节性蓄水，适应性强，但施工难度大且费用较高。因此，应根据企业各自的情况确定蓄水池的容积大小，以避免造成浪费。雨水管道调蓄雨水简单实用，但管道调蓄空间较小，有时会在管底部产生淤泥，可将企业雨水管网与市政管网综合起来考虑。

景观湖、池塘等在大型商业建筑中常被用作生态环境和景观设计的主要因素。其实人工水体是雨水利用与景观设计相结合的常用方式，企业整体规划设计时，应优先考虑利用它们来调蓄雨水。但一个突出的问题是，由于阳光直射，容易生长藻类，蒸发量大。不过可采用增加水深和循环水量、种植水生植物来提高水体自净功能等措施加以解决。雨水多功能调蓄就是把雨水的排洪、减涝、利用与生态环境及其他社会功能更好地结合起来，高效利用，但目前在商业建筑雨水利用系统建设中实现还有一定的困难。

（3）雨水资源的分配利用

将收集到的雨水进行合理利用是建立整个系统的主要目的，若利用不当则会影响系统的经济性。雨水的利用主要体现在冲厕、洗车、池塘、补充地下水、冷却用水、浇灌、旱灾时应急、消防甚至洗衣、饮用等方面。用水人流、用水时间相对集中时，可根据不同时点的需水量进行合理调配，也可根据不同部位的用水需求进行充分利用。雨水综合利用可有效提高使用效益。雨水利用方式的基本思路是：地面雨水入渗，屋面雨水入渗还是收集回用要由技术经济比较决定（图 6-5）。

图 6-5 雨水回收器

6.2.6.2 应用范围及对象

雨水作为一种自然资源，污染轻，水中有机物较少，溶解氧接近饱和，钙含量低，总硬度小，经简单处理后可用于生活杂用水、工业用水。尤其在年均降雨量 400mm 以上的地区具有较好的经济性，建筑物涵盖：卫生间、公园、绿地、庭园、停车场、建筑物、工厂、运动场和道路等类型。

目前应用范围有：分散住宅的雨水收集利用系统；建筑群或小区集中式雨水收集利用系统；分散式雨水渗透系统；集中式雨水渗透系统；绿色屋顶花园雨水利用系统等。

但雨水在未经妥善处理（如消毒等）前，一般建议用于替代不与人体接触的用水为主。

6.2.6.3　技术的优势与缺陷

回用的雨水要比回用生活废水更便宜，水质更可靠，细菌和病毒的感染率低，出水水源对于公众来说，接受性更强。

虽然雨水的收集与处理会增加设备的建设费用，但随着人口的增加、社会经济的不断发展，水资源的短缺、水价上涨已成为必然趋势。因此，将回用的雨水作为低质水以代替生活用水，它所创造的长期效益是无法估量的。

同时，雨水的回用更加有利于提高人们珍惜水资源、节约水资源的意识，有着巨大的社会效益。雨水的回用可以减少水土流失、缓解城市化进程中用水与排水之间的矛盾，并且雨水在收集与滞留的过程中，通过蒸发、下渗等作用，可以进一步改善小范围内的气候状况，减少城市中的热岛效应，从而进一步创造良好的生态环境。

6.2.6.4　技术的现状与推广前景

随着社会经济的发展，大城市污染严重，水资源短缺，在 1998 年的国际雨水利用学术会议上，专家就指出：就地充分利用雨水，采取各种有效措施提高雨水利用能力和效率，是传统水利发展的不可缺少的补充和延伸，是解决水资源危机的重要途径。

其实雨水的利用，源自数千年之前，一直在缺水地区广泛应用。世界上有很多地方，自远古时期就开始收集雨水，并修建了蓄水池，迄今还有些被保留下来。雨水利用曾经有力地促进了世界上许多古代文明的发展。自 20 世纪 80 年代以来，国外雨水利用得到迅速发展，不仅少雨国家发展较快，而且在一些多雨国家也得到发展，利用范围也从生活用水向城市用水和农业用水发展，一些工业发达国家都在积极开发利用雨水，其经验和方法对我国城市特别是严重缺水的城市很有借鉴意义。

德国是欧洲最早开展雨水资源综合利用的国家之一，20 世纪 90 年代开始，他们利用生态学、工程学、经济学原理，通过人工设计，依赖水生植物系统或土壤的自然净化作用，将雨水利用与景观设计相结合，对雨水的收集利用基本形成了一套完整的理论技术体系。

日本于1963年开始兴建滞洪和储蓄雨水的蓄洪池，某些大型建筑物建有大型地下水池来储存雨水，将收集到的雨水用于消防、植树、洗车、冲厕所和冷却水补给等，也可以经处理后供居民饮用。

由于新加坡的缺水问题突出，他们在城市雨水利用方面做得也比较成功，很好地缓解了水资源的严重不足问题。新加坡占国土面积50%的地区有大规模的水资源开发利用计划，他们对高层建筑屋顶雨水收集系统的研究表明，家庭非饮用水的6%～8%可以通过这个系统满足，而成本是饮用自来水的80%。

英格兰Thames Water作为英国最大的供水公司，非常重视雨水的利用技术。北欧地区也一直在密切关注雨水利用在欧洲的发展。在丹麦，雨水利用已有多年研究，被广泛认可，从2000年6月起，丹麦就支持雨水利用系统的安装。瑞典也正紧跟着丹麦的发展。美国的雨水利用常以提高天然入渗能力为目的，他们兴建地下隧道蓄水系统，建立屋顶蓄水和由入渗池、井、草地、透水地面组成的地表回灌系统，让洪水迂回滞留于曾经被堤防保护的土地中。美国还制定了相应的法律法规，如《雨水利用条例》，对雨水利用给予支持。

事实上，我国被联合国列为世界上13个贫水国家之一，人均水资源占有量排在世界109位，仅为世界平均水平的1/4，而农业用水占全国总用水量的70%左右。我国西北干旱半干旱地区通过长期的生产实践，创造了许多雨水积蓄利用技术，建筑了如大窑、大口井等多种蓄水设施，对当地农业的发展发挥了十分重要的作用。但由于生产力水平和技术条件的限制等原因，这些措施还不能从根本上解决降雨相对集中与作物需水期分散的矛盾，只能是被动地抗旱，农业生产仍未摆脱“靠天吃饭”的局面。20世纪50年代以后我国修建了大量的大型水利工程，修建了不少水库和灌区，解决了大面积农田的灌溉问题，从而有一段时间忽视了雨水积蓄的工作。进入90年代以来，由于北方干旱日益严重，水资源日益紧缺，在国际雨水急流事业的推动下，国家又开始了重视雨水利用和水资源持续发展的研究，一些省区发展较快。

淡水资源不足、水体污染和生态恶化已成为社会发展的主要制约因素，特别是经济的飞速发展与城市化进程的加快，使淡水资源的匮乏问题更为突出。雨水收集处理系统作为一种成本低廉的节水系统，其推广与普及是解决水资源短缺、提高废水利用率的一种有效措施。绿化、景观用水的主要问题为用水成本问题，很多居住区都规划设计水景，一般在节假日使用，平时不开，主要原因是利用水费太高，使水景达不到规划设计的预期效果，如果用雨水补充其景观水是个十分有效可行的途径。

虽然雨水的回收利用是需要成本的，但它同样具有非常可观的环境效益和社会效益，既为商业建筑节约了大量的水资源，同时帮助提供了一个更优美更舒适的环境。

6.2.7　电能计量系统

6.2.7.1　技术简介

在各个超市内的重要计量点安装计量表计，采集用电数据，确保计量数据精确、准确，正确、及时地上传到主站系统；电表内要有数据备份，通信系统出现故障的情况下，保证数据不丢失。建立用电负荷模型：根据采集到的用电信息，建立每个计量点、每个超市的用电负荷模型。

此外，电能计量系统还可以监测用电设备状态：线路上出现异常现象（失压、失流、断相、表盖开启等）时，电表内部有事件记录，同时把报警信息发送到采集软件；采集到的负荷曲线数据出现异常的情况下，及时通过系统软件发送报警信息。当通信系统出现故障时，在采集系统内部做好记录，并保证在系统恢复时，正常采集之前的数据，并根据采集到的数据信息，做出分析报告，诊断耗能原因、节能方向，通过分析报告，确定能耗产生的原因，从而给出节能方案。

6.2.7.2　应用范围和对象

该系统可接入各个超市、商场等单位内的用电、用水、天然气、热蒸汽及压缩空气消耗等已安装计量表进行计量的重要节点。

工作人员有相应权限即可通过 IE 浏览器直接浏览能耗数据。智能数据网关安装在配电室或其他能源表计附近，采集各智能表计数据并通过内部局域网（TCP/IP）或 GPRS 公网上送数据到主站系统。

智能电能计量系统如图 6-6 所示。

图 6-6 智能电能计量系统

6.2.7.3 技术的优势与缺点

智能电能计量技术由于其强大的信息量，可以为管理向自动化、信息化和互动性发展提供强大的支撑。此外，智能电能计量技术具有非常强大的信息网络，这样就可以针对不同的计量点进行数据的提取，可以针对所需要的信息进行管理策略的具体制定，从而为用户提供更加优质高效的服务。

智能电能计量装置的无线数据在传输过程中存在由于建筑物对无线电信号反射、吸收等作用，数据信号传输不稳定的问题，另外智能电表安装位置、空间抗扰等也对其稳定工作有较大影响。此外，计量人员需要较强的技术素质和管理能力，要能够胜任智能电能计量系统的操作、使用、维护和检定工作。

6.2.8 能源监控系统平台

6.2.8.1 技术简介

（1）能源监控系统平台的总体框架

能源监控系统的结构框图如图 6-7 所示。即利用智能电表、水表、热量表等计量表具将采集到的数据通过 RS485 总线上传到采集器的智能电表网关，智能电表网关再将采集到的数据打包送到数据中心服务器，由数据中心服务器的能耗管理软件系统对数据进行分析处理，然后将处理后的结果呈现给能耗管理部门。

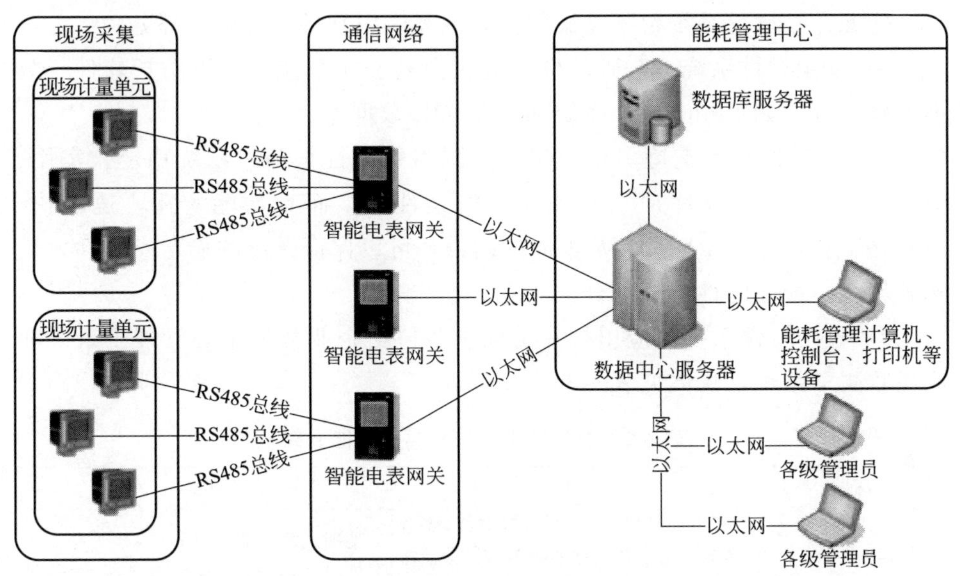

图 6-7 能源监控系统结构框图

监控系统可以实时监控和查看、调阅各路口各区域的人员流入与流出情况，而能源监控系统监控的则是企业各能源（如水、电等）的流入、流出及消耗情况。

(2) 现场采集的系统架构

能源监控系统平台的数据采集系统主要由计量表具和采集器组成。计量表具通过 RS485 总线连接到采集器的 RS485 接口，实现与智能型数据网关的数据通信。智能型数据网关定时采集各个多功能智能电表的电压、电流、有功功率、无功功率、功率因数及各类电能的计量值。它将要上传的数据打包成 xml 的格式，使用 MD5 校验与 AES 算法加密以保证数据传输的可靠性和安全性，通过以太网将多功能智能电表的数据上传给数据中心服务器。

具体到企业的现场能源数据的采集，则主要是通过楼宇的低压配电柜内加装带数据接口的电力计量仪表，基本可实现对楼内空调、动力、照明和特殊用电等用电设施的分项计量；在各楼每间房安装电能计量表，计量房间内所有电能消耗；在锅炉房等建筑内加装冷（热）量表和燃气表。而对于楼宇用水量，是通过对每栋建筑加装用水量总表来实现的。

（3）能源监控系统平台的软件系统

能源监控软件系统包括基础软件系统和应用软件系统两大部分。

1）基础软件系统　基础软件系统主要是操作系统、病毒防护软件、数据库软件等。如Linux操作系统和MYSQL数据库。

Linux操作系统支持多用户接口，网络安全性很高，系统稳定、实用、免费。MYSQL数据库应用范围小、安全性高，而且功能实用，速度快。Linux操作系统与MYSQL数据库的结合，可以保证系统的稳定安全性，是基础软件中最好的性价比组合。

2）应用软件系统　应用软件系统主要包括企业数据中心管理子系统和能耗监测子系统，具体见表6-2。

表6-2　应用软件系统分类与功能介绍

名称	作用	功能
数据中心管理子系统	为管理部门提供多建筑、多时间、多分类、多分项的能耗数据的排名、对比，让能源管理部门全面地掌握所有建筑的能源使用情况	地图展示功能、不同时间建筑能耗排名展示功能、分类能耗排名展示、建筑分类分项排名展示等
能耗监测子系统	能够实现对某建筑内设备详细的监测，帮助后勤或者物业管理人员更加全面深入地了解建筑物每一时刻、每一角落的能耗情况	设备集能耗分析、分户能耗分析、用电参数实时监控、能耗财务分析、报表打印、节能足迹、节能诊断、管理诊断等

其中能耗监测子系统又包括供电监管子系统、供水监管子系统、供暖监管子系统、计费管理子系统、用电安全管理子系统、能耗诊断管理子系统、能耗统计报表子系统、中水管理子系统、太阳能管理子系统、地理信息管理子系统等。

（4）能源监控系统平台底层数据库

能源监控软件底层数据库系统共包括十个数据库处理子系统，这些底层处理子系统根据接收上来的数据，分别做数据的采集、拆分计算、整理、展示的工作。

底层数据库处理系统主要包括数据采集子系统、数据完整性计算及基础能耗计算服务子系统、设备系统分项能耗拆分计算服务子系统、功能区分户能耗拆分计算服务子系统、配电监测及故障报警子系统、能源财务分析计算服务子系统、能耗数据上报子系统、网站通信服务子系统、建筑信息调研系统、后台运行管理系统等。其组成示意如图 6-8 所示。

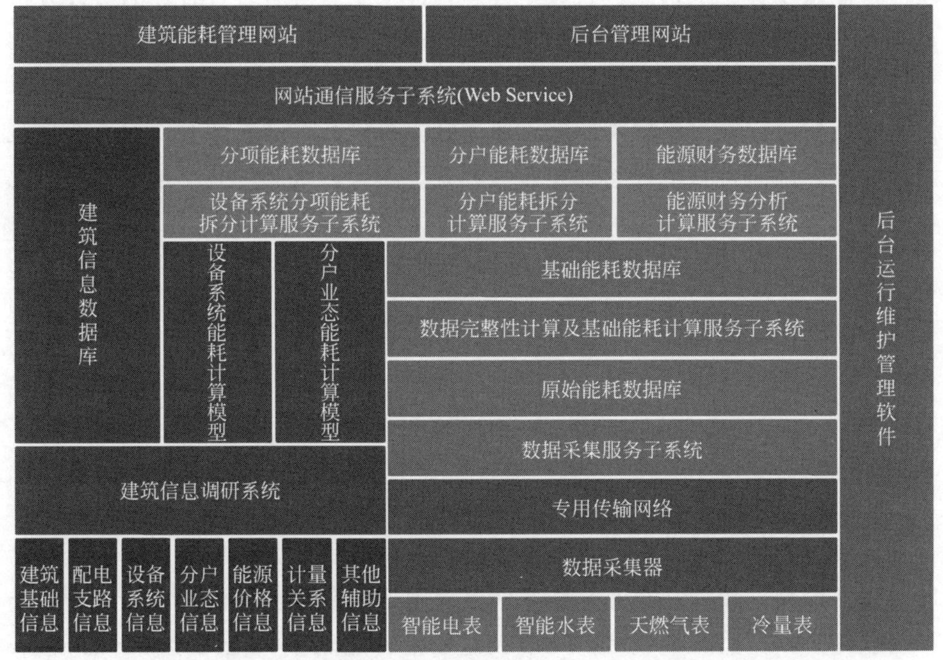

图 6-8　能耗监测平台底层数据库的组成示意图

① 数据采集子系统。它具有专用的数据交互协议和身份验证体系，负责数据采集服务器同采集器之间的数据交互。

② 分项计量系统中专设数据完整性计算及基础能耗计算子系统，主要负责原始数据的整理和基础能耗数据的计算。

③ 功能区分户能耗拆分计算服务子系统的主要功能是按建筑内不同科室功能区域专用能耗模型进行数据处理和运算，同样调用基础能耗数据库数据，根据分户能耗模型各层级关系，对基础数据进行分类处理，完成分户数据计量管理。

④ 配电监测及故障报警子系统可以对低压配电系统进行电压、电流、正反向有功电度、各项有功功率及功率因数进行实时监测，并通过软件将建筑内详细配电情况进行显示，针对配电支路有过流、过压和欠压等用电事故，可以通过声音或光的形式进行报警，及时通知管理者采取措施进行整

理，避免因故障出现事故。

⑤ 能源财务分析计算服务子系统是将各种能源管理方法和能源费用模板（可输入内容包括分时电价、分项电价、分类电价等）输入信息数据库，软件自动根据详细的信息进行数据处理，提供给管理者各种各样的财务分析报表和能耗分析报表。

⑥ 网站通信服务子系统主要展示软件设计为 B/S 架构 WEB 服务方式，使不同用户可以在网络内不同地点通过计算机进行登陆，随时随地查看建筑能耗数据，随时进行能耗管理和监督，方便不同区域同时共享建筑各类能耗数据。

⑦ 后台运行管理系统是所有调研信息录入平台，并且是进行系统管理的平台，可以进行各级数据查看，进行设备运行状态查看，并对问题数据进行专项查错。

6.2.8.2 应用范围及对象

能源监控系统平台根据用户不同可分为用户级监控平台、企业级监控平台、城市级监控平台。其中，用户级监控平台适用于智能楼宇、单个商业大厦使用，检测量较少；企业级监控平台适用于区域性智能楼宇、商厦、居民小区能耗监测，监测量较多；城市级监控平台适用于大范围监控智能楼宇、商厦、居民小区等的能耗监测，检测量较多。同时，也可考虑用于对企业的计量器具进行智能化升级与管理。

6.2.8.3 技术优势与缺陷

能源监测系统平台具有如下普遍优点。

(1) 能够及时发现既有建筑能耗的管理漏洞和能耗漏洞

能耗监测分项计量不仅能够清晰描述企业总的用能现状，还可以从不同角度对实时数据进行分析，并提供使用者多维度能耗对比，通过多方面对比分析，能发现建筑内的不合理用能，并通过专业人士提出具体诊断改造方案，彻底根除建筑能耗漏洞。

另外，由于物业使用者的节能意识不强和管理水平的缺失，其管理的建筑往往会存在较大的能耗漏洞，如夜间用电设备长期不关、消防风机不正常开启等。通过观测相关用能系统的不同时段的动态指标就可以找到相应的能耗漏洞，在加强用能管理后立即获得节能收益。

（2）为节能改造提供客观依据

盲目地进行建筑节能改造，可能导致建筑节能不省钱。很多新的节能技术投资大，收益慢，回报率低，效果不明显。但是什么能作为真正的评价呢——实时数据。

通过对数据的深度挖掘和横向纵向对比，才能真正发现能耗问题，并通过各种测试提出最优化改造方案。以数据为依据提供最佳性价比的节能改造方案，真正做到节能又节钱，并能将新技术运用到未来建筑上，为建筑找到最佳改造方向。同样是节能改造，同样需要那么多钱，有些方向是事半功倍，有些方向反之。如果以建筑物长期的分项能耗数据作为依据，业主就能够非常容易地找到最合理的改造方向，估算改造潜力及节能预期回收年限，谨慎合理地使用每一笔钱来投资。

（3）优化系统运行策略

建筑物中的各用能子系统，特别是空调系统中的各子系统之间存在一定的关联关系。因其协调匹配不当而产生的用能浪费往往是物业管理人员不易发现的，如冷机调节不当、冷冻站输配系统匹配不当、新风机系统调节不当、变风量箱调控不当等问题，这些问题较难解决。通过挖掘各用能子系统不同时间段的能效指标，暖通节能的专业人员可以较容易地发现运行策略不力的问题，长期不断地为物业管理人员提供合理的运行调节建议，进而达到降低能耗的目的。

（4）发现系统中某些重点用能设备的故障

企业建筑中的某些大型设备（例如冷冻机、新风机、水泵故障或者阀门堵塞、传感器故障等）发生故障或产生某些异常的噪声及异象时，可能并不是无法实现其功能，而仅仅是其使用能耗急剧增加或与其关联的某些设备的使用能耗急剧增加。物业人员例行地维护和巡检工作往往很难发现这些问题。通过在线能耗监测，可以很轻易地找到这些故障设备能耗的异变，进而发现其故障，进行检修，避免了因设备故障而造成能耗增加的可能。

（5）方便不同管理人员的使用

对企业各级主管部门及物业管理人员来讲，该平台能够提供一个衡量建筑用能状况的标准，使主管部门基于规范化的能耗分类分项计量的监测结果对相关问题进行监督。对物业管理人员来说，分类分项的能耗结果及各个功能区域能耗使用情况的监督使其管理更科学，丰富了原有的物业管理水平。

(6) 对企业人员的示范作用

用实际能耗数据来督促员工，保持下班时关灯、关电脑、关空调等的绿色节约型工作模式，并用实际能耗数据向企业人员及顾客进行正面宣传和引导。

目前，国内能源监测系统平台存在的主要问题如下。

① 将能耗监测平台的建设等同于节能监管体系的建设。各单位在项目建设的过程中，都更加注重能耗监测平台的建设，而忽略了能耗统计、能源审计和能效公示这三个方面的内容。其实，能耗监测平台的建设仅仅是企业节能工作的一个抓手，要降低企业的能耗水耗，真正实现节能潜力，必须要进一步发挥平台能源审计、能耗诊断和节能改造的功能，推进节能改造向纵深方向发展，否则不利于绿色商业能耗监管体系建设的整体推进，也很难实现节约能源的目的。

② 将能耗监管系统与企业其他用能系统和企业业务管理分离。这样既不能发挥绿色商业监管体系在规划设计、科学研究、节能管理、宣传教育等多方面的支撑，也不能保持能耗监测平台持久的“生命力”。

③ 能耗监管系统在实际运用中形同虚设。能耗监管平台的建设集成了传感、控制、网络 IT 技术的应用，各种软硬件设备也均是一流的水平，但不可否认的是在实际运用中其作用未能充分发挥。过高的成本、过于复杂的系统配置和操作技术使得系统或是需求把握不准，或者是施工安装调试难以到位，或是管理人员专业化水准低难以掌握灵活运用而使之成为一种摆设，最终难以被建筑运行管理者接受，难以在建筑节能运行中真正发挥作用。

6.2.8.4 技术发展现状与推广前景

在国外，部分国家对建筑能源监测系统的研究已经较为成熟，对建筑能耗的数据统计已经达到详尽细致的程度，并将统计数据进行详细的分类整理，且这些数据在网络可供下载、查询。在 20 世纪 80 年代，美国电力公司曾通过测试众多商业建筑的建筑能耗，来获取丰富的经验数据，以预测电力发展需求，发展电力负荷计算方法以达到节能目的。同时在 2011 年美国 OPTO22 公司研制出了最新一代 EMU 能耗监测系统与 Google Power Meter 等协作开发的能耗监测软件。OPTO EMU Sensor 可直接连接到测量设备、仪器面板等设备，采集能源使用数据并存储，同时可以使用 OPTO EMU Server 整合 OPTO EMU Sensor 分布式的能耗数据，实现能耗数据信息的资源共享和传送。

目前，LonWorks 技术已经在国外被成功地应用在能源监测系统中。2003 年，德国有着“未来生态城市”美称的亚琛市的 BOB 办公大楼通过对每栋大楼的供暖、制冷、照明等主要能耗系统进行基于 LonWorks 技术的项目改造，使用 LonWorks 技术将楼宇管理系统、照明系统有机集成，能源消耗明显降低，相对同类大楼降低了 80%。2006 年，新加坡管理大学（SMU）在该校的智能大楼管理系统中成功使用了 LonWorks 总线技术，以管理不同的大楼自动化子系统。2009 年，在美国加帕洛阿尔托城出现了以 LonWorks 为技术支撑的智能路灯，该智能路灯基于智能控制设备，可以和互联网无缝集成，不仅可以使用管理软件进行通信，同时可以远程控制，调光和监测其能耗使用情况。

我国对能耗监控系统的研究较晚，大约在 21 世纪初“建筑能耗”这个专有术语才开始在我国被提出，由清华大学节能中心设计研发的“电能耗分项监测计量与实时分析系统”通过对一些建筑物能耗进行监测，实验效果良好。

现阶段，大部分企业对能源的消耗管理和监控没有达到科学和自动化管理水平，主要是将人工抄表获取的数据经过管理人员使用计算机整理，再用各种报表传送和汇报能耗数据。该种能耗管理方式相对工作人员工作量大，不能对各用能设备和用能部门实时地监控并及时采取节能诊断措施。这种方式造成的后果是：在能耗数据的准确性、真实性、可靠性方面都存在着一定的弊端；能源管理部门之间不能实现能耗数据的实时有效地共享，同时缺乏一体化管理。

所以对于商业零售行业企业能源监测系统平台的建设至关重要，因为能源监控系统平台是实施绿色商业节能监管体系基础的基础，是企业节能监管体系建设的核心部分。它的建成将为能耗统计、能源审计、能耗诊断、节能改造、精细化管理、节能监管体系的构建以及绿色商业建设提供技术支撑。

6.3 清洁生产典型方案

6.3.1 照明灯具LED改造

某超市照明系统主要为室内照明，开启时间一般为早晨9点到晚上10点，1天运行13小时，全年运行365天。大部分分店使用的照明灯具为T5或T8灯具，建议采用LED/14W灯具替换T8/40W和8W灯具，节电率可达55%以上。

(1) 技术可行性分析

LED照明是发光二极管照明，是一种半导体固体发光器件。它是利用固体半导体芯片作为发光材料，在半导体中通过载流子发生复合放出过剩的能量而引起光子发射，直接发出红、黄、蓝、绿、青、橙、紫、白色的光。LED照明灯具可以完全胜任任何场合。LED灯采用的工艺技术在国内外同行业中属于成熟可靠的技术，现在市场上已经有成型产品，技术风险较少。目前，LED照明灯已经是非常成熟的技术，且实施方便，技术上完全可行。

(2) 环境可行性分析

LED寿命长，减少了固体废物的产生。LED冷光源的特点也令其对环境产热的影响大大减低，减少了对制冷能量的需求。某超市灯具的使用时间为每天13小时，每年365天，年耗电量1025万千瓦时；将其22家门店改为LED灯后，年耗电量454万千瓦时，年节电量571万千瓦时。

(3) 经济可行性分析

该方案总投资1368万元。按电费0.98元/(kW·h)计算，每年可节省照明用电费用560.16万元。通过经济分析，该方案的投资偿还期为3.01年，NPV=1423.65万元>0，IRR=30.98%>0。因此，该方案经济可行。

6.3.2 冷柜加盖节能技术改造

某超市门店存在冷柜未加盖情况，对门店加装冷冻柜滑动玻璃推拉盖，主要包括边沿滑轨、台面滑轨、若干玻璃组件、中止动块、边止动块和外侧板。该技术是在原有双、单面（冷冻）岛柜和端头柜上采用不锈钢、塑料材料、塑料ABS型材做滑动导轨，玻璃盖采用钢化热反射玻璃、弯钢化Low-

E 玻璃（防凝露玻璃），四面用塑料材料包边，使防凝露（弯钢化 Low-E）玻璃盖在双层轨道上左右滑动推拉，全覆盖式盖设在冷冻岛柜上，达到节电的目的。

（1）技术可行性分析

加盖节能原理如下。

① 冷冻柜加装滑动玻璃推拉盖后，机组蒸发温度从－40℃调整为－33℃，机组提供冷量加大，热损耗减小，加盖后所需冷冻量约是不加盖所需冷冻量的 70%。

② 冷冻柜加盖后，冷冻岛柜所需求冷量减小。在机组提供冷量增大情况下，减少制冷系统压缩机、冷凝器运转时间及运转频率，用电量减少，降低能源损耗。

③ 减少并缩短冷冻柜化霜的次数及化霜时间。原每天化霜次数为 4 次，化霜时间平均为 30～45min，冷冻柜加盖后可化霜次数为每天 1～2 次，化霜时间平均为 25～30min。

④ 原来因环境温度、空气湿度化霜效果不佳，导致柜体蒸发器冰堵，造成商品损耗，冰堵后要想不影响正常使用，需要大量的水去冲洗蒸发器化冰，从而浪费了大量水，浪费了人力资源，影响了当时的销售。在冷冻加盖后改善了环境温度及湿度，从而减少或避免了蒸发器冰堵，同时也减少不必要的能源浪费。

通过对加盖后综合测试，加盖后节电效率为 16%。

（2）环境可行性分析

冷冻冷藏设备年耗电量为 653.13 万千瓦时，已加盖门店年耗电量为 603.14 万千瓦时，其他门店冷冻冷藏设备（未加盖）年耗电量为 49.99 万千瓦时。加盖后年可节电 49.99 万千瓦时×16%＝8.0 万千瓦时，折标准煤为 9.83t，减排 48.32t CO_2。该方案节电效果良好，方案对环境无不良影响，环境可行。

（3）经济可行性分析

该方案投资 24.7 万元，滑动玻璃推拉盖等费用 16.25 万元，安装等费用 8.45 万元。年节电 8 万千瓦时，电费按 0.98 元/(kW·h) 结算，每年节省电费 7.84 万元。方案投资偿还期 3.8 年，净现值 15.22 万元，内部收益率 22.99%，方案经济可行。

6.3.3 中央空调节能改造

中央空调系统改造方案属于综合节能降耗类型方案，其与清洁生产及循环经济的要求相符。根据某家居现有供暖系统、空调系统运行状况及本轮审核东锅炉房测试结果分析，发现供暖系统二次泵效率较低，且供暖的管线长，管道输配损失较大，供暖末端出现冷热不均现象，存在水力失衡现象，由于供暖系统与空调系统共用一套循环水泵及管网。因此，建议对中央空调系统进行系统改造。

（1）技术可行性分析

中央空调系统的变频改造和变流量改造技术、分时分区改造技术成熟，应用广泛。对空调系统末端的风机进行分时分区控制，做到上下班的空调自动启停，保证室内环境舒适度，既满足营业区域的温度要求，又实现节能运行，该方案技术可行。

（2）环境可行性分析

该方案实施后，可以降低电能长时间工频运行导致的电能浪费，同时可以对空调、供暖系统末端进行监控，减少不必要的热能损失，该方案环境可行。

（3）经济可行性分析

中央空调系统改造方案节约天然气 12.28 万立方米，节电 103.16 万千瓦时，节约费用 131.16 万元。此方案投资偿还期 1.09 年，净现值 755.44 万元，方案经济可行。

6.3.4 能源管理平台建设

大多服务业企业能源及设备管理的现状是粗放型的，完全凭借运行人员的经验操作，缺乏科学有效的管理，一旦设备发生故障或运行状况改变，不能及时调整，不利于能源管控。建议增加能源管理平台，使运行管理人员对能源消耗一目了然，根据实际情况及时调整运行方案。

（1）技术可行性分析

能源监测管控技术是在扩大生产的同时，通过能源计划、监测、统计、审计、消费分析、重点能耗设备管理和能源计量设备管理等多种手段，合理计划、利用能源，降低单位产品能源消耗，以提高经济效益为目的的信息化管控技术。

企业能源管理平台数据采集布点原则按照全面检测冷、热源内网和外网的主要参数：对所有电动阀进行远程监测；对流量计、温度传感器、压力变送器和热量表进行在线监测；对水位开关、电计量表及智能水表、热表的数据进行监测；对冷热力环节检测总供回水流量、温度和压力，二次供回水温度、压力、流量；对换热间加装气候补偿器，控制电动阀开度，控制供热量；对板式换热器一次和二次侧温度、压力以及系统补水进行检测；对水泵进出口压力及启停、变频器的频率进行监测。

（2）环境可行性分析

该方案在实施过程中不会产生对环境有害的各种污染物。方案实施后，通过实时监测各种能源使用情况，为节能降耗提供直观科学的依据，查找能耗弱点，促进管理水平进一步提高及运营成本的进一步降低，达到节能降耗的目的。

（3）经济可行性分析

该方案投资 147.67 万元，包含计量仪表及安装、能源管理软件以及人工费。本项目建设完成后，无直接经济效益，但在减少能源无效供应，及时发现能源资源“跑、冒、滴、漏”现象，从而减少能源浪费等能源管理方面效果显著，通过优化能源管理，估算年节约费用 5 万元。

此方案投资偿还期 23.77 年，净现值 －94.51 万元，内部收益率 －5.27％，经济不可行，但其能源管理效益显著，可提高能源管理水平。

6.4　清洁生产经验分析

6.4.1　某超市生鲜供应链绿色营销理念

近年来，某超市运用绿色营销理念在供应链的食品安全管理方面，做出了有益的尝试与实践。在绿色营销理念的指导下，该超市运用供应链管理思想和手段，发展了“品质体系”的生鲜产品，成功建立起一套保障食品安全的绿色供应链。

超市生鲜链由生鲜产品的冷藏加工、冷藏储藏、冷藏运输和冷藏销售四个方面构成。冷藏加工包括肉类、鱼类的冷却与冻结和果蔬产品的预冷等，主要涉及冷却与冻结装置。冷藏储藏包括生鲜产品的冷藏和冻藏，也包括果蔬的气调储藏，主要涉及冷藏库、冷藏柜、冻结柜及家用冰箱。

该超市通过如下管理控制保持良好的冷链。

① 产品收货控制。生鲜冷藏和冷冻产品到达门店时，必须要进行温度的检查控制，冷冻产品－18℃，冷藏产品－4℃，收货区配备精密的电子测温计和红外测温计等先进的温度检测设备。

② 设备及检查。门店为所有冷藏和冷冻产品都配置了专门的冷藏、冷冻储藏室和销售柜。每天由维修部和各营业部门对冷藏和冷冻储藏室检测，并做记录，确保每个销售柜和冷藏室的温度符合要求。同时所有的记录保留3个月以备检查。

③ 良好的工作方法。员工必须接受严格的培训，以确保有效的冷链管理。对所有的冷藏和冷冻产品的操作，都不能脱离冷链超过30min。

6.4.2 某企业绿色低碳经营

2005年10月，某企业发表了题为《21世纪领导力》的演说，设定了该企业在未来20年实现可持续发展的三项明确目标：100％使用再生能源；出售对环境和自然资源无害的产品；实现“零浪费”。随后该企业又进行了一系列战略调整，出台环保新策略，以此配合可持续发展的需要。

2007年，该企业在美国率先推出“省钱让生活更美好”的新标语，取代过去用了几十年的“永远低价”的口号，并对公司全体成员及消费者与供应商进行全面的宣传和推广攻势。同年，该企业又宣布将在全球范围内开展“环保360”项目，旨在将环保理念从简单地减少企业本身对环境的损害，扩展为让员工、供应商、社区和顾客共同参与，并把“环保360”的理念融入该企业日常工作的每个环节。

该企业的低碳环保经营主要体现在以下几个方面。

(1) 建立系统的环境标志框架

在绿色供应链方面，该企业要求全球供应商的生产都必须达到环保要求，中国也不例外，供应商必须提供符合环保标准以及遵守当地环境法律法规的证明，并写入供应合同里。就此，该企业公司采取了一系列行动，诸如：2008年开始，该企业要求通过全球采购系统与其合作的供应商、进口商以及该企业自有品牌的供应商，都必须在合同中明示其工厂在环境、质量上符合该企业的具体标准。该企业也希望全球的主要零售商可以携手制订统一的社会和环境标准框架以及第三方审核系统。该企业也正在与全球领先的食品及消费品组织开展合作，努力将环境标准纳入行业标准中去。

(2) 5年期绿色供应链规划

该企业5年期绿色供应链规划，建立可持续价值网络，其中的项目包括寻找新机遇、使用可再生能源、减少废品和开发可持续产品。规划从2008年起，凡是进入该企业绿色供应链的任何供应商必须提供环保性能达标的产品，产品标准分别来自美国农业部、消费品测试实验室和国际标准组织，而产品包装均必须简化，其制作材料必须是节能和无污染的。该企业还要求供应商必须提供符合环保标准以及遵守当地法律法规的证明，该企业只与在合作的过程中满足标准的供应商一起工作，同时将会把认证和合规这部分内容写入供应商协议（不仅要求有环境保护达标认证，还包括供应商的碳排放、水污染等达标），并要求供应商定期汇报，对任何违反协议的供应商，该企业将要求他们采取紧急、严肃的措施，如果问题一直得不到改善，该企业将停止与其合作。此外，该企业对遵守标准并认同该企业对产品质量和可持续发展承诺的供应商采取政策倾斜的支持，甚至可以根据具体情况给予这些供应商更高的采购价。

此外，该企业规定：凡是冷藏货车卡车在仓库、码头和堆场进行装卸或者其他作业期间，必须停止发动机，运用现场接驳电源帮助冷藏货运车继续制冷。仅此一项，该企业全球冷藏车队可以减少排放二氧化碳40万吨，减少能耗7500万美元。

在中国，该企业零售业务部的供应链对其供应商进行定期的环保宣讲和教育，发起促进绿色运营的各种攻势。在过去几年时间里，他们和供应商在全国范围内广泛开展了诸如节能灯推广、消费者节能教育、旧家电以旧换新等一系列活动，从中取得显著收效。

(3) 绿色包装倡议

2006年9月，该企业提出从2007年起为期5年的第一阶段绿色包装倡议，其核心内容是降低价格、技术运用和供应链效率。目前，该企业要求其全球6万多供应商严格执行绿色包装倡议，坚决排除严重浪费资源和破坏环境的豪华大纸箱和昂贵精美材料包装，降低商品包装总成本至少5%，减少供应链全过程中的材料能源消耗量，5年内可以节约产品或商品包装材料34亿美元，以便在让利于消费者的同时进一步促进改善环境。

该企业从采购和销售产品中挑出300种产品实施绿色包装，全年减少

3425t 包装材料，等于节约 1358 桶燃油，使 5190 颗大树免受砍伐，节约 727 只标注集装箱全年运费 350 万美元。目前，全球产品包装材料以及有关费用的总成本达到 4650 亿美元，而该企业采购、批发、销售的产品包装材料成本总额仅占全球额的 3.5%，如果全球零售批发商、百货制造商像该企业那样全部被动员起来，把消费品包装材料成本降低 10%，全球包装材料成本均可节约 76 亿～110 亿美元，其中包括减少数量巨大的垃圾，年均降低二氧化碳排放量 66.7 万吨，等于在全世界公路上削减 21.3 万辆卡车流量或者节约柴油消耗量 25 万立方米。该企业在绿色包装倡议中对所有的合伙人明确指出，只有做到绿色包装、最大化使用循环材料或者绿色替代材料、坚决排除滥用包装材料恶习的经营商才是该企业的真正合作伙伴。

6.4.3 某家居企业绿色环保经营理念

某家居企业倡导的低碳理念包括：开发新的节能产品；用产品的低碳设计满足高效的物流运输；使用更少的原材料来生产使用性与舒适性没有降低的商品；充分回收利用废物。该企业每年都会发布《社会与环保责任报告》，详细列出该年在产品设计、更新换代、物流环节等方面所做出的低碳改进，具体到产品中所使用的可再生材料的比例，在能源生产中循环、再生或使用废品的比例，甚至商场中修复或重新使用的产品比例。

20 世纪 90 年代，该企业便在企业内部设置了环保专员一职。环保专员的工作是在卖场开门前例行检查，包括灯光控制是否符合节能规定，是否有必要开射灯，光感应设备是否能正常运转，光线是否适应当天的天气条件，卖场温度是否符合国家的规定标准，回收中心的各类废物是否符合回收规定等。

该企业要求自己“销售的不是产品而是梦想”，环保也是梦想的一部分。2000 年左右，该企业便开始涉及有关材料和产品、森林、供货商、运输等环境问题。该企业将环境长期目标设定为所有建筑物都采用除化石燃料以外的其他可再生能源供能，到 2005 年，该企业总体能源效率已经提高 25%。

为了实现这一目标，整个产业链的各个环节都要求实现环保。包装环节，最著名的平板包装方法不仅节约了成本，减少了运输次数，降低了二氧化碳的排放；物流环节，该企业在上海的两个物流中心，总面积约 19 万平方米，仓库的照明灯都换成了节能灯，并加了感应器，有车辆进入才会产生照明；在能源使用上，该企业确保所有商场、仓库、分发中心、工厂和办公室的供热和制冷都使用风能、太阳能、生物燃料和地热能。该企业的上海卖场是目前上海规模最大的使用太阳能的建筑，上海卖场在进行节能改造时，屋顶太阳能热水机组规模从17t/d扩大到40t/d，阴雨天则改用电直热式电棒加热，每年可节约7.8t标煤。该企业每年邀请第三方专业公司对各个卖场的节能情况进行审计，节能减排表里有56项工作，大到管理投入，小到空调使用时间、商场的密闭等，节能减排突出的卖场会得到奖励。

6.4.4 某企业绿色商场

1996年，某企业在上海开设了在中国的第一家现购自运批发商场。迄今，该企业在中国58个城市开设了84家商场，有11000多名员工。

该企业一直致力于将节能减排、绿色环保的理念贯穿于企业运营始终。2013年，该企业开展能源节约计划，定期对设备进行更新改造，提升设备运行效率。2014年，该企业在潍坊开设了第一家全面采用二氧化碳技术制冷的商场，旨在减少温室气体排放和降低门店能耗。2015年，该企业在上海普陀商场启动分布式太阳能电站，年均发电量占商场用电总量的20%左右。作为全球数项气候倡议的签署企业之一，该企业积极履行减少碳排放量的义务，不断升级可持续发展战略，以实现全球所有门店2030年碳排放量比2011年减少50%的目标。

目前，该企业东莞万江商场将成为中国零售行业中首家完全按照中国绿色建筑三星标识和绿色能源与环境设计先锋奖（LEED）金奖标准打造的商场。经过绿色改造，预计东莞绿色商场每年将降低能耗50%。通过运用绿色建筑解决方案和智能创新科技，该企业将东莞店打造成中国零售行业的绿色建筑里程碑。

制冷方面，该企业采用了国内领先的二氧化碳复叠式制冷系统，年均可减少排放约260kg的氟利昂。此外，东莞商场配置的高能效比的空调系统，比市场上普通的商用空调节省能源25%，每年约节电78000kW·h。

能源供给方面，东莞商场充分利用太阳能和风能这两种清洁能源，通过太阳能屋面电站、太阳能一体式停车雨棚、风光互补路灯等（图6-9和图6-10）创新设施进行发电，减少了化石能源的使用，降低了运营给环境带来的影响。该企业是国内零售业第一家墙面再附着太阳能板来降低建筑热交换和空调负载的商场。该企业还与顾客共享绿色能源，特别设立了太阳能绿色充电桩，用于电动汽车和助动车充电。前来商场购物的会员均可免费使用助动车充电服务。

图 6-9　太阳能屋面分布式电站

图 6-10　高导光低导热自然采光带

此外，东莞商场还配备了强大的资源回收系统。二氧化碳复叠系统运行所产生的热量将通过余热回收系统进行收集并用于商场其他加热设施，有助于减少商场能耗。雨水回收系统可将雨水净化后进行循环利用，满足商场部分用水需求。此外，商场还提供智能垃圾回收系统，可通过自动压缩垃圾为垃圾箱扩容，并智能地安排垃圾回收时间，减少垃圾车的使用频次。同时，商场后场设立大型垃圾分类回收箱为所有顾客和周边居民提供垃圾回收服务，分为纸、纸板、玻璃、金属、塑料和电池六类垃圾，培养消费者垃圾分类习惯，提升环保意识。

6.4.5　某超市 APP 购物

每到节假日，消费者逛超市备货，最头疼的问题就是排队结账，等半个小时、一个小时都是十分常见的现象。针对这一问题，某超市采用 APP 购物，超市会员的积分、余额、优惠券等相关信息，可直接在 APP 中查看和使用。使用 APP 绑定会员卡之后，500 元以下可以实现免密支付，摇一摇扫码结账、积分付款一键完成。此外，APP 还可为用户提供高品质、低价格、2 小时送达的优质服务，在进行多点配送服务时，可满足附近所有客户的购物需求。APP 在购物的快捷、选择的便捷、理赔效率等方面都明显优于超市传统的购物方式，是一项节能、绿色的购物方式。

参考文献

[1]　林树枝，张杰．大型商场节能改造案例研究［J］．福建建设科技，2012，4：72-75.

[2]　侯震寰．商场变风量风机节能案例分析［J］．上海节能，2009，2：11-13.

[3]　夏开新．商场新风处理的节能分析和措施［J］．城市建设，2011，01：123-124

[4]　张蕾蕾．浅谈企业清洁生产绩效的量化体现［J］．环境科学导刊，2011，30（1）：28-29.

[5]　王成，付岩，盛秋生．论我国商业零售行业的业态与发展方向［J］．商业研究，2003，20.

[6]　何耀东，何青．中央空调［M］．北京：冶金工业出版社，2001.

[7]　郭斌，刘恩志．清洁生产概论［M］．北京：化学工业出版社，2005，223.

[8]　赵盛斌．商业连锁经营与管理［M］．北京：企业管理出版社，2001.

[9]　杨海丽，刘瑜．中国批零行业能源消耗水平的实证研究［J］．宏观经济研究，2013，12：100-112.

[10]　洪涛．促进绿色流通向低碳流通的转型与升级［J］．中国流通经济，2011（7）.

[11]　吴英娜，伍雪梅．开放条件下中国零售流通产业安全评价分析［J］．宏观经济研究，2011，11.

[12]　解利剑，周素红，闫小培．国内外“低碳发展”研究进展及展望［J］．人文地理，2011，1.

[13]　徐承红，李标．能源消耗、碳排放与我国经济发展-基于静态和动态面板的实证分析［J］．宏观经济研究，2012，7.

[14]　杨波．零售业低碳化与促进中国低碳零售发展的政策选择［J］．财贸研究，2011，1.

[15]　杨浩哲．从国际大型零售企业看低碳商业发展态势［J］．商业时代，2011，8.

[16]　尹政平，李丽．建设低碳超市的国际经验借鉴及对策探讨［J］．经济问题探索，2012，5.

第7章 商业零售行业清洁生产典型案例

7.1 商场清洁生产典型案例

7.1.1 企业基本情况

某商场经营项目包括零售百货、针纺织品、日用杂品，在某地开设13家门店，所有门店均为租赁店面，无自有建筑，总租赁建筑面积219712.6m²，营业面积188630.9m²。

7.1.2 预审核

（1）主体设施情况

该商场各门店投入使用的时间不同，但室内设计布局基本相同。商场基础设施情况如表7-1所列。

表7-1　商场基础设施情况

序号	基础设施	基本情况
1	空调通风系统	除A店之外，其余店面空调系统均由物业提供，A店制冷机组为涡轮式冷水机组2台，1用1备，单台制冷量1000冷吨，输入功率716kW；配备90kW冷冻水循环泵和160kW冷却水泵各3台
2	供配电系统	13家门店变配电系统分为两种：一种是由市政提供电力，有自主管理的变配电系统；另一种是由物业提供、管理和维护的变配电系统。A门店是市政提供电力、自主管理，配备SC3-1600/10的变压器2台，SC9-1600/10的变压器2台

续表

序号	基础设施	基本情况
3	供热系统	各门店供热方式主要有市政热力供热和中央空调供热两种类型
4	给排水系统	生活给水来自市政自来水，生活热水为桶装饮用水
5	电梯系统	电梯共计 57 部。电梯系统有直梯和扶梯两种，7 家门店无自有电梯，电梯由物业提供并管理，其余 6 家门店均为物业提供由百货公司自管的电梯
6	照明系统	照明系统分为室内照明、室外照明、公共区域照明和应急照明，各类灯具总计 79869 支
7	消防系统	商场的消防设施主要为公共区域的自动喷淋、消火栓、烟感器、防火卷帘以及灶台的温感器和煤气报警器。灭火器材主要为干粉灭火器

(2) 能源消耗情况

从能源消耗结构来看，该商场主要的能源消耗为电和天然气，其中电耗占到综合能耗的 92.2%，天然气占到 7.8%。该商场近三年能源消耗情况如表 7-2 所列。

表 7-2　该商场近三年能源消耗情况

能源种类		年份 1		年份 2		年份 3	
		实物量	折标煤量/t	实物量	折标煤量/t	实物量	折标煤量/t
电	10^4kW・h	3333.46	4096.82	3555.68	4369.93	3729.34	4583.36
天然气	m^3			231038	280.55	319260	387.68
能源消耗总量（以标煤计）	t		4096.82		4650.48		4971.04

(3) 水资源消耗情况

该商场各门店的供水水源为城市自来水，主要为公共区、卫生间提供新鲜水。该商场近三年逐月耗水总量如表 7-3 所列。

表 7-3　该商场近三年逐月水资源消耗量　　单位：m^3

时间	年份 1	年份 2	年份 3
1 月	8428.55	8570.31	6898.69
2 月	8616.91	8761.85	7052.86
3 月	8010.79	8145.53	6556.76
4 月	9114.072	9267.37	7459.78

续表

时间	年份 1	年份 2	年份 3
5 月	10537.03	10714.26	8624.46
6 月	11272.86	11462.47	9226.73
7 月	10802.32	10984.01	8841.60
8 月	11017.40	11202.71	9017.64
9 月	12916.74	13133.99	10572.23
10 月	13959.57	14194.36	11425.78
11 月	11406.75	11598.61	9336.32
12 月	10673.00	10852.52	8735.75
合计	126756.00	128888.00	103748.60

（4）主要污染物排放及控制情况

① 水污染物排放及控制情况。各门店在服务过程中产生的废水主要来自卫生间废水和餐饮废水。其中，生活废水排入污水管，经化粪池后排入市政管网，餐饮废水经隔油池后排入大厦污水管，隔油池定期进行清掏，废水各项指标能够达标排放。

② 大气污染物排放及控制情况。废气主要是餐饮油烟，油烟经处理后达标排放，烟道定期进行清洗。

③ 固体废物排放及控制情况。各门店在服务过程中产生的固体废物主要为顾客购物和员工办公过程中产生的生活垃圾和餐厨垃圾。

各门店对固体废物进行分类收集，如在购物区分为可回收物和其他垃圾，各餐饮区分为可回收物、餐厨垃圾和其他垃圾，清运管理工作由大厦物业公司承担。

各门店在服务过程中也会产生极少量的电子垃圾如硒鼓墨盒、废电池和一些废旧灯管。硒鼓、墨盒、废旧灯管由相关有资质的单位进行处置。

（5）清洁生产水平现状评价

该商场单位面积综合电耗 169.74kW·h/m^2，低于《清洁生产评价指标体系　商业零售行业》标准中商场单位面积电耗Ⅰ级基准值的水平，综合对比《清洁生产评价指标体系　商业零售行业》计算该商场清洁生产水平，得分为 88.5 分，达到清洁生产的先进水平。

（6）确定审核重点

综合考虑能源消耗比重、资源消耗比重、清洁生产潜力三个方面，采用权重总和计分排序法，对该商场13家门店进行排序，选择A店作为本轮清洁生产审核重点。

(7) 设置清洁生产目标

本轮清洁生产审核目标如表7-4所列。

表7-4　本轮清洁生产审核目标

序号	指标名称	现状值	近期目标		中期目标		远期目标	
			目标值	削减率	目标值	削减率	目标值	削减率
1	单位面积综合能耗（以标煤计）/[kg/(m^2·a)]	22.62	21.94	3%	21.28	3%	20.22	5%
2	单位面积综合电耗/[kW·h/(m^2·a)]	169.74	164.65	3%	159.71	3%	151.72	5%
3	单位面积日取水量/[L/(m^2·d)]	1.29	1.26	2%	1.24	2%	1.19	3%

7.1.3 审核

(1) 水平衡测试

审核期间，A店用水量600.15t/月，其中卫生间用水占比46.67%，外店及服务业用水占比30.27%，冷却补水17.25%。A店用水分布如图7-1所示。

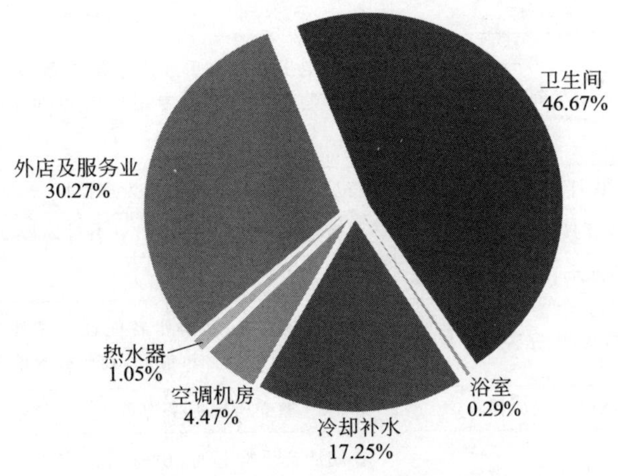

图7-1　A店用水分布

(2) 电平衡测试

商场在经营过程中，代缴外店及厂家用电最大，占总用电量的58.74%，其次为空调通风系统占17.88%，照明系统耗电占17.96%。A店用电分布见图7-2。

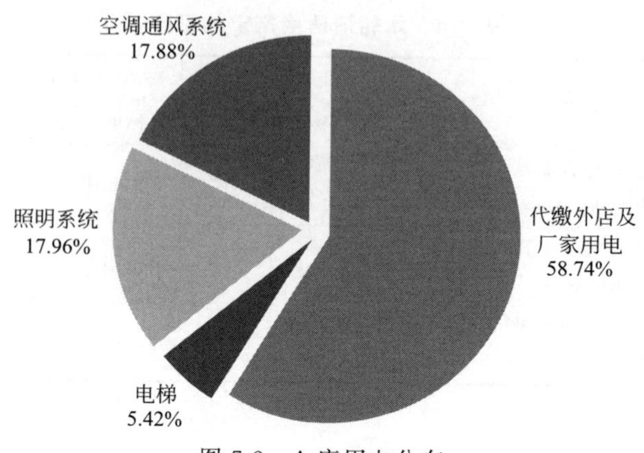

图7-2 A店用电分布

7.1.4 审核方案的产生与筛选

部分清洁生产方案如表7-5所列。

表7-5 部分清洁生产方案

编号	方案名称	方案简介
1	优化卫生间设施	配备卫生纸及洗手液用量控制器，每人每次定量使用，设置导购及内部人员专用洗手间，提高卫生间水龙头灵敏度
2	楼道加装时控、声控装置	将员工通道内的灯源换为声控灯
3	LED灯具改造项目	将营业区域筒灯、节能灯和射灯均替换为LED灯源
4	更换空调冷冻水和冷却水循环泵	循环泵安装变频器
5	进行水平衡测试，完善计量仪表	建议商场对电、新鲜水各能耗加装计量仪表，完善计量网络，从而更好地分析能耗，利于有效地进行能源管理
6	淘汰落后变压器	将SC3型变压器更换为S11型改造项目
7	闭店时电梯关闭措施	在闭店音乐响起时，由每层指定专人负责，对所有上行电梯进行关闭，只留下行电梯(中央梯只留一组下行梯)
8	电梯使用制度	在上下班高峰时段，B1～2层的低层员工不乘坐电梯

7.1.5　中/高费方案可行性分析

7.1.5.1　更换 LED 节能灯

（1）方案概述

更换部分门店照明器具，更换 LED 照明灯具 32898 盏。

（2）技术可行性

LED 光源相比普通节能灯具有优势，如 LED 光源不含重金属汞、使用低压电源、高光效、低功耗、适用性强、寿命长、响应时间短等。

（3）环境可行性

更换 LED 预计年节电 523.14 万千瓦时，相当于减少 CO_2 排放 5194.78t。

（4）经济可行性

该项目总投资 1739.86 万元，年节电量为 523.14 万千瓦时。投资偿还期 4.05 年，净现值 1141.65 万元，内部收益率 21.02%。

7.1.5.2　A 店空调冷冻水和冷却水循环泵更换项目

（1）方案概述

将 A 店 3 台冷冻水循环泵和 3 台冷却水循环泵更换为变频水泵。

（2）技术可行性

变频水泵可实现随季节冷负荷变化循环水泵耗电量的实时调整，达到节电的目的。

（3）环境可行性

A 店空调冷冻水和冷却水循环泵改造为变频泵之后，节电量 125250 kW·h，相当于减少 CO_2 排放 124.37t。

（4）经济可行性

该方案投资 35 万元，年节约运行费用 2.69 万元。投资偿还期 3.38 年，净现值 34.58 万元，内部收益率 26.89%。

7.1.5.3　A 店 SC3 型变压器更换为 S11 型改造项目

（1）方案概述

A 店两台 SC3-1600/10 变压器效率较低，为《淘汰落后生产能力、工艺和产品的目录（第一批）》要求淘汰的设备。本方案采用两台 S11-1600/10 干式变压器将之替换。

（2）技术可行性

与 SC3 型相比，S11 干式变压器为节能型变压器：由于采用新型铁芯材料，磁路分布均匀，大大降低了空载激磁电流和空载损耗。

（3）环境可行性

方案实施后，可节电 144512kW・h，相当于减少 CO_2 排放 143.50t。

（4）经济可行性

该方案投资 61 万元，年节电量为 144512kW・h。投资偿还期 4.87 年，净现值 23.08 万元，内部收益率 15.81%。

7.1.6 实施效果分析

共实施 23 项清洁生产方案，其中包括 3 项中/高费方案，20 项无/低费方案。已投资 1746.2 万元，方案实施后节电 527.44 万千瓦时/年，减少纸张用量 10 万张/年，产生经济效益 513.19 万元。全部方案实施，共需投资 1847.26 万元，方案全部实施后节电 540 万千瓦时/年，减少纸张用量 10 万张/年，产生经济效益 540.17 万元/年。

本轮清洁生产审核目标完成情况如表 7-6 所列。

表 7-6 本轮清洁生产审核目标完成情况一览表

指标名称	指标对比情况		
	审核前	审核后	削减率
单位面积综合能耗（以标煤计）/[kg/(m^2・a)]	0.066	0.063	4.55%
单位面积综合电耗/[kW・h/(m^2・a)]	0.53	0.51	3.77%
单位面积日取水量/[L/(m^2・d)]	1.41	1.37	2.84%

预计通过实施所有的清洁生产方案，该商场单位面积日取水量、单位建筑面积综合能耗均有所下降，能够达到清洁生产审核近期目标和远期目标，参照《清洁生产评价指标体系 商业零售行业》进行对比打分，得分为 89 分，清洁生产水平有所提升。

7.1.7 持续清洁生产

企业通过开展清洁生产审核，制订了持续清洁生产计划，主要包括：

① 公司成立了后续推进清洁生产的专门组织机构，负责每轮清洁生产的审核工作；

② 后续清洁生产的领导小组与工作小组基本按本轮清洁生产审核的领导小组与工作小组执行；

③ 后续的清洁生产审核重点为以服务过程为主的节能、降耗、减污、增效；

④ 后续清洁生产目标仍按本轮清洁生产审核确定的目标执行；

⑤ 在本轮清洁生产审核中提出的拟实施的中/高费方案，职责部门仍要按计划进度实施。

7.2 大型超市清洁生产典型案例

7.2.1 企业基本情况

某公司是一家以连锁超市为主要业态的商业企业，公司商圈范围涵盖 200 万人口。公司有上万平方米以上的购物中心 3 家，集餐饮、娱乐、购物、休闲多功能欢乐城 1 家，连锁店 45 家，加盟店 328 家，功能齐全年吞吐量 10 亿元的配送中心一个，员工 6000 余人。

公司下设超市事业部、百货事业部、加盟事业部和支持部门四个主要部门，公司日常的能源和环保工作由综合管理部负责。

7.2.2 预审核

(1) 设施及设备情况

该超市主要的设施及设备包括冷链系统、给水设备、电梯系统、变配电系统、空调系统、供暖系统、照明系统等，基本情况如表 7-7 所列。

表 7-7 某超市基础设施情况

序号	基础设施	基本情况
1	冷链系统	公司冷链设备主要有冷冻机组、冷冻柜、冷藏柜、立风柜、岛柜、保鲜柜、冰柜、制冰机、冰箱、冷库等十余种类型，共计 781 台
2	给水设备	给水设备包括生活用水和消防用水，生活供水水泵为变频控制自来水补水泵

续表

序号	基础设施	基本情况
3	电梯系统	公司下属49家门店共有电梯76部，主要为自动扶梯和垂直电梯
4	变配电系统	49家门店，其中只有一家购物中心属于自主产权，有4台配电变压器，其余门店的电力全由市政变电所变压供给
5	空调系统	大型超市中央空调系统共10台，包括螺杆机和多联机系统，功率范围为17～405kW，主要品牌为美的，中央空调机房的循环水泵及补水泵共有25台；中小型超市门店的分体式空调共计275台
6	照明系统	该公司49家门店，照明设备共计39721只，公司实施了"三绿工程"项目，将原有的8in金卤灯(1in≈2.54cm，下同)、6in金卤灯、MZBT8灯管灯具，改造更换2万套LED
7	供暖系统	公司49家连锁店，其中有3家门店使用燃煤锅炉自采暖，有3家门店由房屋出租方供暖，其余均为市政采暖

(2) 原辅材料消耗情况

该超市消耗的原辅材料主要有购物袋、包装袋、保鲜膜等。近三年超市原辅材料消耗情况见表7-8。

表7-8 近三年超市原辅材料消耗情况

原辅材料	单位	年份1	年份2	年份3
购物袋	万个	250	270	290
包装袋	万个	70	80	100
保鲜膜	万卷	5	7	7.6

(3) 能源消耗情况

该超市主要能源消耗为电和热力。近三年超市能源消耗情况如表7-9所列。

表7-9 近三年超市能源消耗情况

序号	资源能源名称	年份1	年份2	年份3
1	电力/(10^4kW·h/a)	1212.72	2480.87	2542.21
2	汽油/(t/a)	46	64.44	64.93
3	柴油/(t/a)	180	232	230.6
4	市政热力/(GJ/a)	56960	72420	80322
5	煤炭/(t/a)	565	328.5	125.62
6	综合能耗(以标煤计)/t	4167.45	6187.47	6386.24

（4）水资源消耗

该超市近三年水资源消耗情况如表 7-10 所列。

表 7-10　该超市近三年水资源消耗情况　　　单位：m^3

月份＼年份	年份 1	年份 2	年份 3
1 月	5224	6629	6609
2 月	6633	9253	9373
3 月	5425	7003	6983
4 月	5394	6945	7065
5 月	5697	7509	7409
6 月	6402	8822	8222
7 月	6838	9634	9839
8 月	6935	9815	10105
9 月	6652	9288	9038
10 月	6566	9128	9145
11 月	5124	6986	6885
12 月	5467	6542	6342
总计	72357	97554	97015

（5）主要污染物排放及控制情况

① 水污染物排放及控制情况。主要用水单元包括厨房用水、生鲜用水、清洁用水和员工日常生活用水，公司主要的用水设施包括洗漱间厕所、洗手盆、餐饮用水设备、空调系统。产生的废水主要包括各门店卫生间废水和餐饮废水。其中餐饮废水经隔油池后排入市政管网，其余废水经化粪池排入市政管网。

② 大气污染物排放及控制情况。废气主要来自于餐饮油烟，设有餐饮厨房的超市均设有厨房排烟机和油烟净化器。公司每年定期对油烟烟气进行检测，每 60 天对管道进行清洗，净化设备每年清洗 2 次。公司定期对下属门店厨房油烟进行检测，检测结果表明达标排放。

③ 固体废物排放及控制情况。该公司在服务过程中产生的固体废物包括包装材料、过期商品、生活垃圾和餐厨垃圾等。包装材料外卖给回收单位进行回收，餐厨垃圾经统一收集后交由有资质的单位处理，其余垃圾均交由各门店所在地的环卫部门进行处理。

(6) 清洁生产现状分析

公司在经营和销售过程中提供的配套服务设施和设备大部分均满足《高耗能落后机电设备(产品)淘汰目录》(第一批、第二批、第三批、第四批)要求，只有少部分高能耗设备属于第三批目录中的设备。本轮审核，公司决定逐步淘汰此部分设备。

超市得分为67.6分，得分较低主要是由于定量评价指标中单位面积电耗和单位面积综合能耗两项指标，通过对照《商场、超市能源消耗限额》(DB11/T 1159—2015)中相关指标可以看出，在对经营内容、制冷方式和采暖方式修正后，企业的电耗和综合能耗水平可达标准中的先进值，而《清洁生产评价指标体系 商业零售业》中未对单位面积电耗、综合能耗指标值进行相关修正，仅对比了基础值，导致企业无法满足Ⅲ级标准，因此得分较低。

(7) 确定清洁生产审核重点

通过对公司所辖各超市、大卖场的资源和能源消耗、污染物排放等方面的现状及潜力分析，确定本轮审核的重点为各连锁店的用能系统和用水系统。

(8) 设置清洁生产目标

本轮清洁生产审核目标如表7-11所列。

表7-11 本轮清洁生产审核目标

序号	指标	现状	近期目标		中远期目标	
			目标值	相对值	目标值	相对值
1	单位营业面积电耗/(kW·h/m^2)	128.24	123.11	−4.00%	119.26	−7.00%
2	单位面积综合能耗(以标煤计)/(kg/m^2)	32.21	31.63	−1.80%	30.92	−4.00%

7.2.3 审核

(1) 水消耗测试

实测期间日均用水量为186.09m^3/d。公司用水分为超市区用水、百货区用水和公共区用水三大部分，从水平衡分析来看，购物中心店新鲜水主要用水部分为公共用水和百货区各层商户用水，超市区用水量较小，主要为主食厨房生产加工用水。用水量最大的部位为冷却塔补水，冷却水循环使用不外排，用水全部为蒸发后的补充水，冷却水循环水量为8681.4m^3/d，补充新鲜水量为 31m^3/d，冷却水补水占购物中心店新鲜水用量的 16.66%。超市用水主要分布见图 7-3。

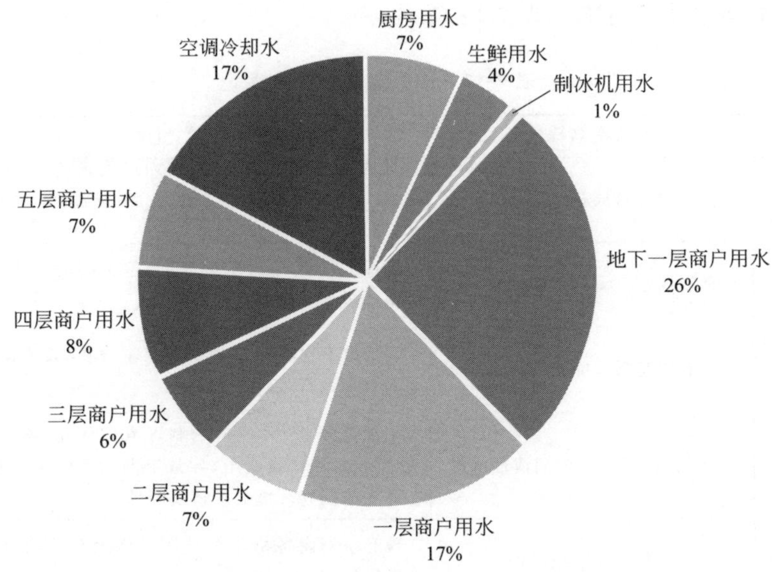

图 7-3 超市用水主要分布图

(2) 电力消耗测试

测试期间，该公司 38 家超市用电量 1028.46kW·h/d，其中冷冻冷藏设备和空调用电量最大，分别占总用电量的 43%和 41%，见图 7-4。

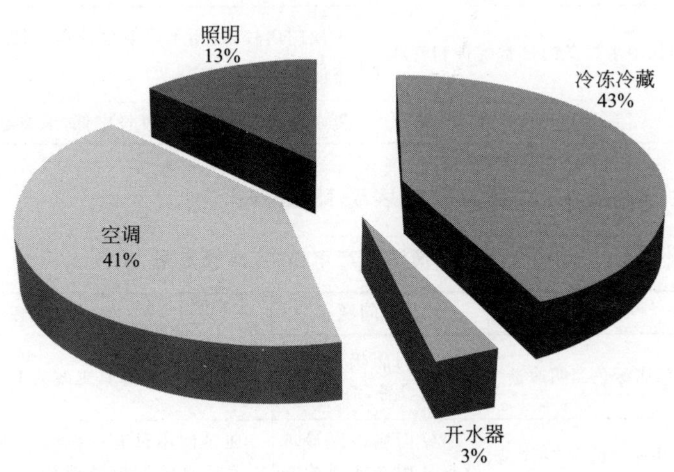

图 7-4 超市用电情况

7.2.4 审核方案的产生与筛选

部分清洁生产方案如表 7-12 所列。

表 7-12 部分清洁生产方案

序号	方案名称	方案产生原因
1	增加楼层排风出口	某店新风排风量不够，楼内产生正压，增加排风口做好自然风量交换，夏季每天减少主机用电 1000kW·h
2	合理调整空调开启关闭时间	秋季员工工作时空调开启，但关闭时间不确定，造成电能浪费
3	电梯变频节能控制改造	某店原有电梯未加装变频控制设备，无人使用时仍在满负荷运行，浪费电力
4	大卖场进、回风口定期清理维护	下属卖场进、回风口未制订清扫计划，风口经常被灰尘阻塞，回风量受阻，导致空调制冷效果下降，顾客在商场内购物环境的舒适度降低
5	中央空调巡检维护	现有空调设备每年仅在厂家规定时间内进行设备清洗维护，维护周期长
6	物流中心冷库库门控制方式改进	原有冷库库门未加装自动控制装置，员工在使用冷库时经常不能及时关闭库门，增加制冷装置耗电量
7	燃煤锅炉改造	燃煤锅炉产生二氧化硫等污染物，污染环境；公司燃煤锅炉改为空调供暖和电锅炉，减少污染物排放
8	加强用水设备的日常维护和管理	下属门店较多，用水设备也较多，因跑、冒、滴、漏而损失的水量较大
9	完善空调温度管理	夏季空调制冷期间温度设定低，浪费电能

清洁生产审核中/高费方案如表 7-13 所列。

表 7-13 清洁生产审核中/高费方案

序号	项目名称	存在问题	方案项目内容
1	门店绿色照明改造	部分门店仍采用普通照明设备，浪费电能	将传统照明灯具更改为 LED 照明产品
2	门店冷链节能改造方案	部分门店冷藏冷冻设备采用老式风冷岛柜，功率高，耗电量大	通过使用具有一级或二级能效标志的冷冻冷藏陈列柜岛柜替代原来老式风冷岛柜

7.2.5　中/高费方案可行性分析

7.2.5.1　门店绿色照明改造

（1）方案概述

将部分现有门店现有的普通灯具全部更换成LED灯具。

（2）技术可行性

LED光源技术作为新一代节能光源，相比普通节能灯具有优势，如LED光源不含重金属汞、使用低压电源、高光效、低功耗、适用性强、寿命长、响应时间短等。

（3）环境可行性

项目实施后，年节电86.48万千瓦时，折合标煤106.28t。

（4）经济可行性

该项目总投资费用为63.78万元，方案实施后年节省费用103.78万元。投资偿还期0.61年，净现值665.13万元，内部收益率162.71%。

7.2.5.2　门店冷链节能改造方案

（1）方案概述

将现有老式冷藏冷冻设备改造为有一级或二级能效标志的AHT冷冻冷藏陈列柜、岛柜。

（2）技术可行性

AHT岛柜内的除霜水自然蒸发，无需配置除霜水专用的排水管道，岛柜的整体安装、移动调整和增加都十分简便易行。

（3）环境可行性

采用AHT岛柜，设备能耗远低于风冷式冷冻柜，运行成本可降低45%以上，即使是在开口式冷柜上增加玻璃滑盖，AHT仍然具有45%的节能优势。

（4）经济可行性

该方案的投资费用为45.86万元，年节约用电量32万千瓦时，节约电费38.4万元。投资偿还期1.19年，净现值223.85万元，内部收益率83.54%。

7.2.6 持续清洁生产

企业通过开展清洁生产审核，制订了持续清洁生产计划，主要包括：

① 进一步宣传清洁生产的重要性，制订具体的活动计划；

② 持续挖掘清洁生产潜力；

③ 继续征集合理化建议；

④ 督促按计划淘汰高耗能电机；

⑤ 定期开展清洁生产专题知识讲座，宣传清洁生产理念，培训企业内审员。

7.3 连锁超市清洁生产典型案例

7.3.1 企业基本情况

某大型连锁超市有17家分店，均以租赁的方式获得建筑物的使用权，总建筑面积达35万平方米，其经营业态主要有大型购物商店、超级市场、折扣店、冷藏店等。

7.3.2 预审核

（1）主体设施情况

该超市主体设施包括冷冻冷藏系统、照明系统、空调系统、采暖系统及综合服务系统（包括电梯系统、给水系统、新风系统）。其基本情况如表7-14所列。

表7-14 该超市主体设施基本情况

序号	基础设施	基本情况
1	冷冻冷藏系统	采用立式风幕柜，冷冻冷藏系统采用的是氟利昂制冷系统，冷冻机组为并联式压缩机组，冷库内蒸发器采用冷库用冷风机
2	空调系统	空调系统按照冷源的不同可分为两种：一种为超市自己供冷；另一种由业主供冷。业主供冷的分店超市仅有使用权，能源费用计入物业费内；自身供冷的冷源分为电制冷和直燃机组制冷两种

续表

序号	基础设施	基本情况
3	供暖系统	7 家分店冬季不需采暖。在需要采暖的 10 家分店内，供暖方式可分为电锅炉供暖、燃气直燃机供暖及业主供暖，有电锅炉 1 台，直燃机 3 台
4	综合服务系统	电梯系统：各门店均设多部自动扶梯及少量客梯和货梯。 给水系统：该超市 17 家门店大部分为市政直接供水，部分门店由于建筑较高，低层采用市政直接供水，高层采用变频供水设备供给。给水泵设置 ABB 变频器，变频 41Hz。 余热余能利用系统：大部分分店的冷冻系统均设置了冷凝热回收装置，通过回收冷凝热来加热自来水，制出的热水供卖场生鲜区使用。 室内新风系统：室内新风由新风机组和全空气空调机组提供，新风量通过机组新风阀进行调节
5	照明系统	灯具大多数为节能灯，以 T5 灯为主，还有部分使用 T8 灯、射灯、角灯等

（2）能源消耗情况

该超市的能源消耗类型主要包括电能、天然气、汽油、柴油。以年份 3 数据为例，电力占总能耗的比例最大，接近 90%；其次为天然气，占比为 8.83%；占比最小的是汽油，仅为 1.32%。近三年该超市资源能源消耗情况如表 7-15 所列。

表 7-15　近三年该超市资源能源消耗情况

项目	电力消耗 /(10^4kW·h/a)	天然气(标) /(10^4m^3/a)	汽油/(t/a)	柴油/(t/a)	综合能耗(以标煤计) /(t/a)
年份 1	8913.62	175.94	87.69	539.88	14006.91
年份 2	7174.73	131.59	82.26	—	10536.64
年份 3	6302.51	57.25	77.40	—	8621.12

（3）水资源消耗情况

该超市水资源消耗主要集中在夏季，夏季温度较高，商场内生鲜区耗水量增大，空调、冷冻冷藏等设备耗水量也增大。近三年该超市逐月耗水量如表 7-16 所列。

表 7-16　近三年该超市逐月耗水量　　　单位：$10^4 m^3$

月份	年份 1	年份 2	年份 3
1 月	5.33	4.53	3.72
2 月	5.49	4.32	3.70
3 月	4.91	4.82	3.80
4 月	5.26	4.35	4.14
5 月	4.88	4.82	3.94
6 月	5.44	5.19	4.53
7 月	5.97	5.50	4.69
8 月	5.89	5.68	5.00
9 月	5.73	6.33	4.78
10 月	5.15	6.30	4.28
11 月	4.82	6.81	3.67
12 月	5.00	5.31	3.23
合计	63.87	63.96	49.48

（4）主要污染物产生及控制情况

① 水污染物排放及控制情况。各门店的污废水水源主要包括生鲜排水、仓库排水、小商铺排水、卫生间排水、空调机组的冷凝水等。少数门店安装中水处理设施，对中水进行回用，主要用于冲厕；其他门店的污水经隔油、化粪池处理后均排放到市政污水管网。

② 大气污染物排放及控制情况。该超市废气排放仅为外租小商铺餐饮的废气排放。各分店对外租小商铺油烟排放提出管理要求，餐厨排放的油烟经处理后达标排放。

③ 固体废物排放及控制情况。固体废物主要为腐败变质食品、废旧纸箱、废旧塑料、废纸、废金属、废旧灯管、废玻璃等。腐败变质食品主要为生鲜食品的损耗。

生活垃圾包括废旧塑料、废旧玻璃、废纸等，因废旧纸箱具有较好的二次利用价值，对此进行单独收集。经调查，该超市每年产生生活垃圾 548t，废旧纸箱 9890t。

废旧灯管采用集中收集、统一处理的方式，将各分店的废旧灯管统一收集存放，每年进行统一处理。据统计，各门店平均每月废旧灯管产生量为 43 根，每年废旧灯管产生量约为 516 根。目前，其他固体废物的处理方式主要由环卫集团或者保洁公司处理。

(5) 清洁生产水平及现状评价

对照《清洁生产评价指标体系 商业零售业》，该超市清洁生产综合评价指数为 84.95，达到清洁生产二级企业等级，清洁生产企业水平处于先进水平。

(6) 确定审核重点

通过分析能耗高、污染物产生量大、节能降耗、降本压费潜力大的环节，选择姚家园店、大钟寺店、慈云寺店、方圆店作为本次审核的重点。

通过对这四家店的水平衡、电平衡分析，确定卖场电耗作为审核重点。

(7) 设置清洁生产目标

本轮清洁生产审核目标如表 7-17 所列。

表 7-17　本轮清洁生产审核目标

序号	清洁生产指标		现状	近期目标	远期目标
1	能源消耗指标	单位建筑面积能耗(以标煤计)/(kg/m^2)	25.06	24.31	23.58
2		单位建筑面积电耗/($kW \cdot h/m^2$)	183.17	177.67	172.34
3	水资源消耗指标	单位建筑面积水耗/(m^3/m^2)	1.856	1.8003	1.7463

7.3.3 审核

(1) 水消耗测试

从四家分店的水平衡测试可知，店内耗水量最大的区域为生鲜区，可占店内水资源消耗量的 40%以上，其次为客用卫生间用水，占店内水资源消耗量的 30%以上，如图 7-5～图 7-8 所示。

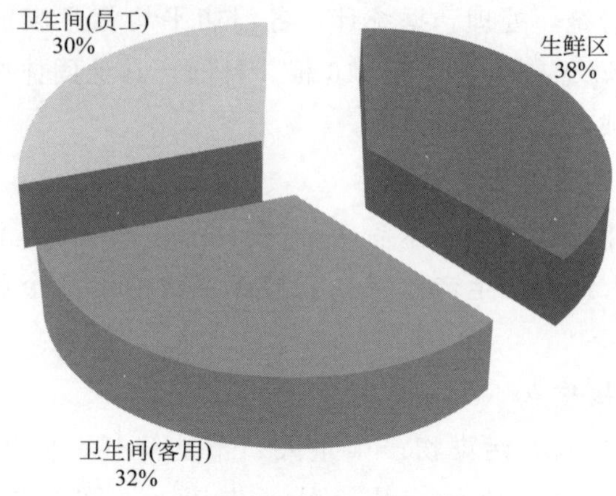

图 7-5　A 店各区域水消耗占比图

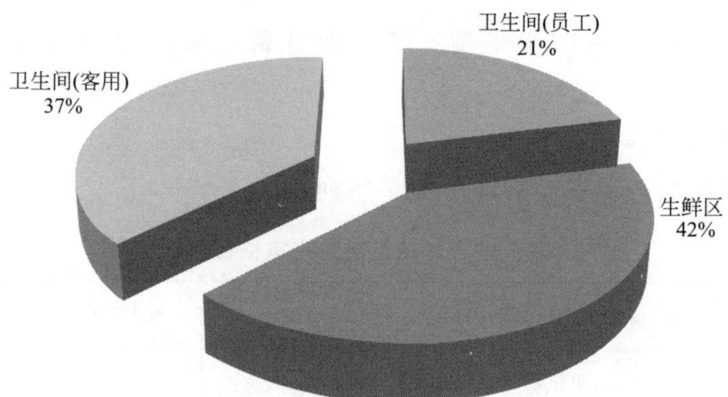

图 7-6　B 店各区域水消耗占比图

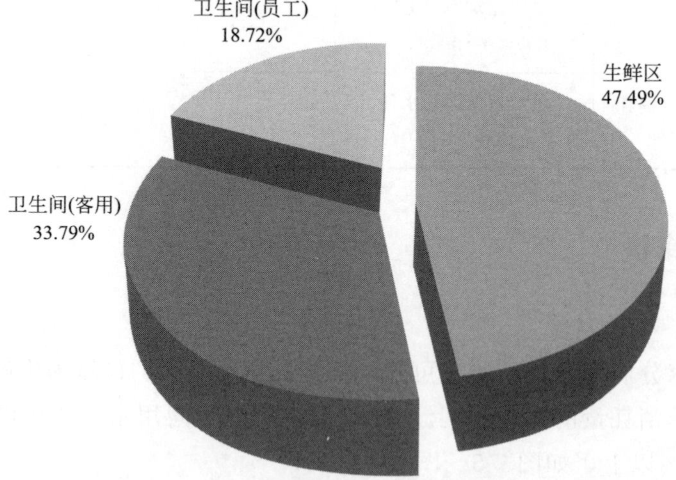

图 7-7　C 店各区域水消耗占比图

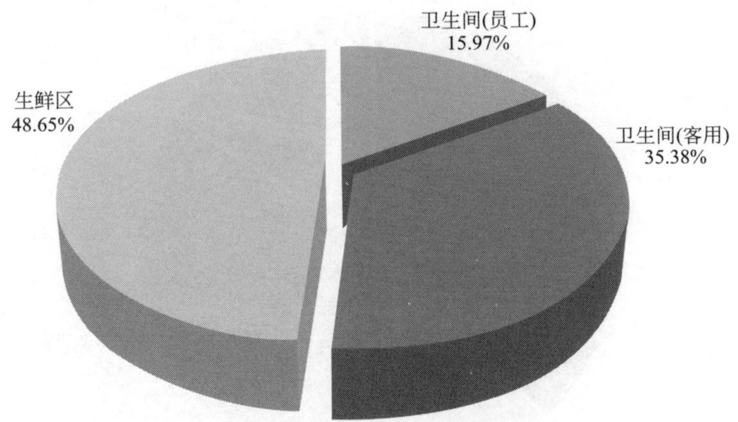

图7-8　D店各区域水消耗占比图

（2）电力消耗测试

A店电力消耗分为小商铺消耗及卖场消耗。小商铺日平均电力消耗量为2196kW·h，约占总电力消耗的25.90%；卖场日平均电力消耗量为6282.83kW·h，约占总电力消耗的74.10%，如图7-9所示。

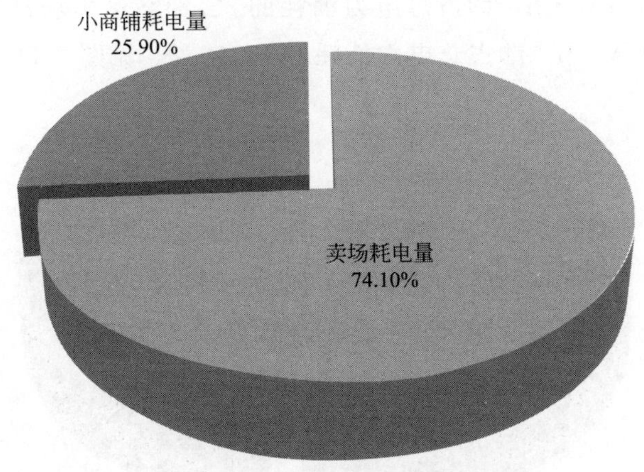

图7-9　A店电力消耗占比图

测试期间A店的卖场日平均电力消耗量为6282.83kW·h。其中照明设备耗电量最大，占卖场耗电量的37.96%；其次为冷冻冷藏设备，约占33.11%。卖场内各设备电力消耗比例见图7-10。

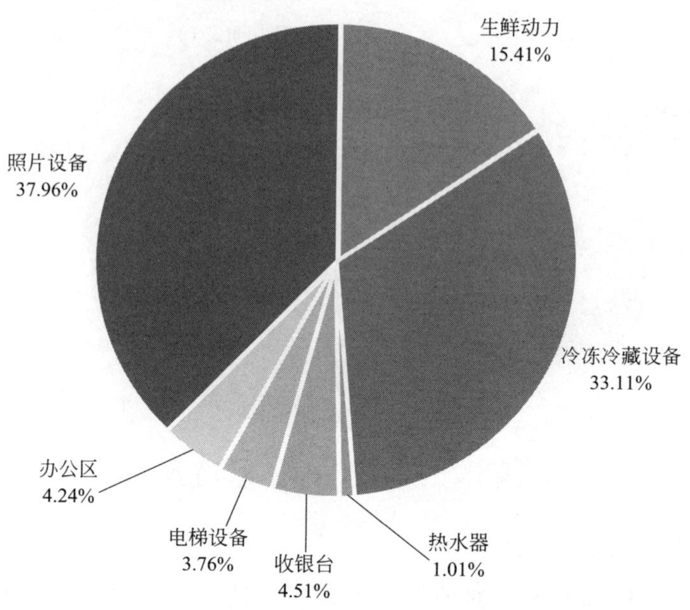

图 7-10　A 店卖场内各设备电力消耗占比图

B 店日平均电力消耗分为小商铺消耗及卖场消耗。小商铺日平均电力消耗量为 5469.17kW・h，约占总电力消耗的 52.31%；卖场日平均电力消耗量为 4986.83kW・h，约占总电力消耗的 47.69%，见图 7-11。

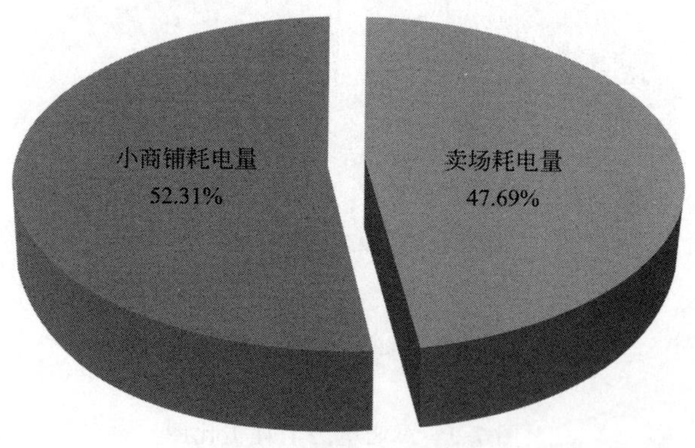

图 7-11　B 店电力消耗占比图

测试期间 B 店的卖场日平均电力消耗量为 4986.83kW・h。其中办公区耗电量最大，约占卖场耗电量的 29.91%；其次为照明设备，约占 24.37%。

卖场内各设备电力消耗比例见图 7-12。

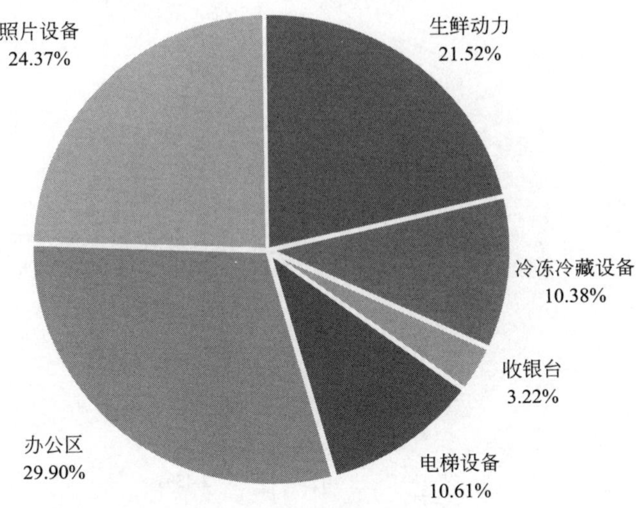

图 7-12　B 店卖场内各设备电力消耗占比图

C 店日平均电力消耗分为小商铺消耗及卖场消耗。小商铺日平均电力消耗量为 696kW·h，约占总电力消耗的 8.09%；卖场日平均电力消耗量为 7907.17kW·h，约占总电力消耗的 91.91%，见图 7-13。

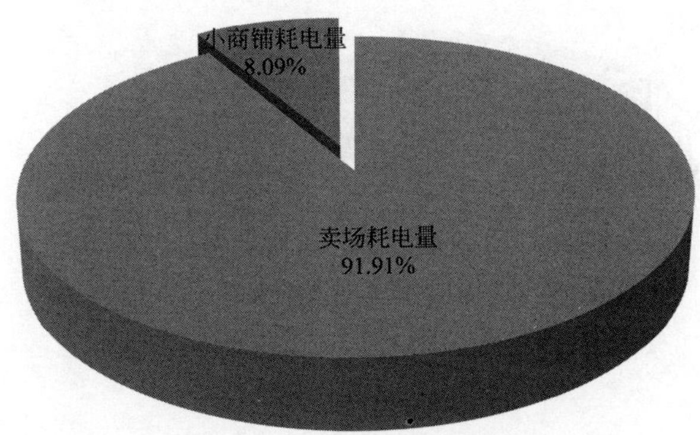

图 7-13　C 店电力消耗占比图

C 店电力消耗以卖场的消耗为主，测试期间 C 店的卖场日平均电力消耗量为 7907.17kW·h。其中照明设备耗电量最大，约占 40.41%；其次为冷冻冷藏设备，约占 30.91%。卖场内各设备电力消耗比例见图 7-14。

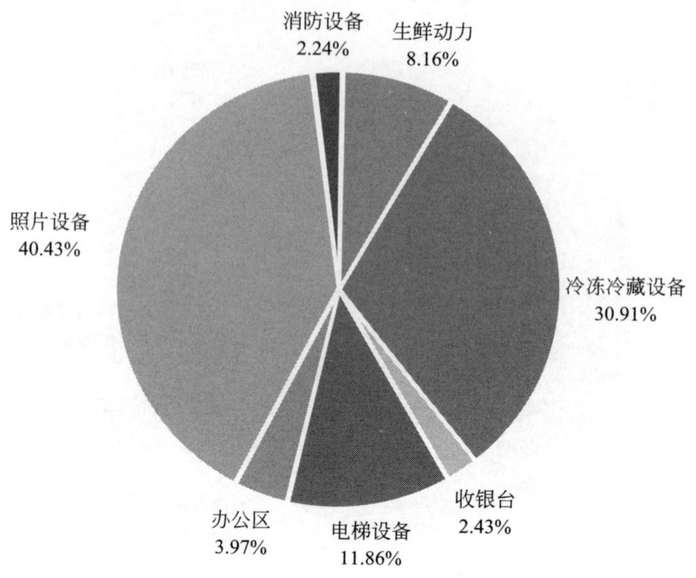

图 7-14 C 店卖场内各设备电力消耗占比图

D 店日平均电力消耗分为小商铺消耗及卖场消耗。小商铺日平均电力消耗量为 1414.33kW·h，约占总电力消耗的 16.21%；卖场日平均电力消耗量为 7310.50kW·h，约占总电力消耗的 83.79%，见图 7-15。

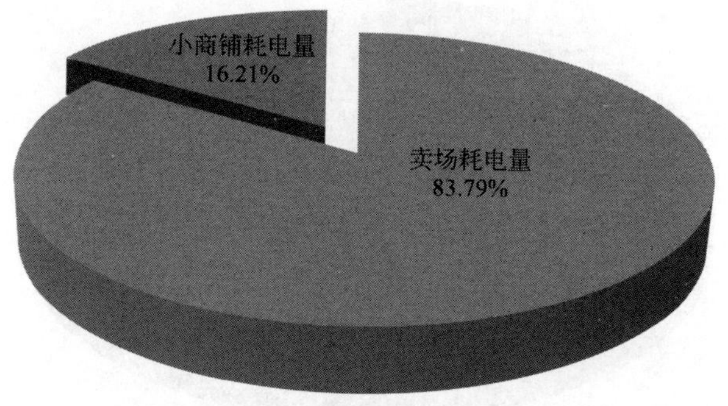

图 7-15 D 店电力消耗占比图

D 店电力消耗以卖场的消耗为主，测试期间 D 店的卖场日平均电力消耗量为 7310.50kW·h。其中照明设备耗电量最大，约占卖场耗电量的 43.35%；其次为冷冻冷藏设备的耗电量，约占 29.46%。卖场内各设备电力消耗比例见图 7-16。

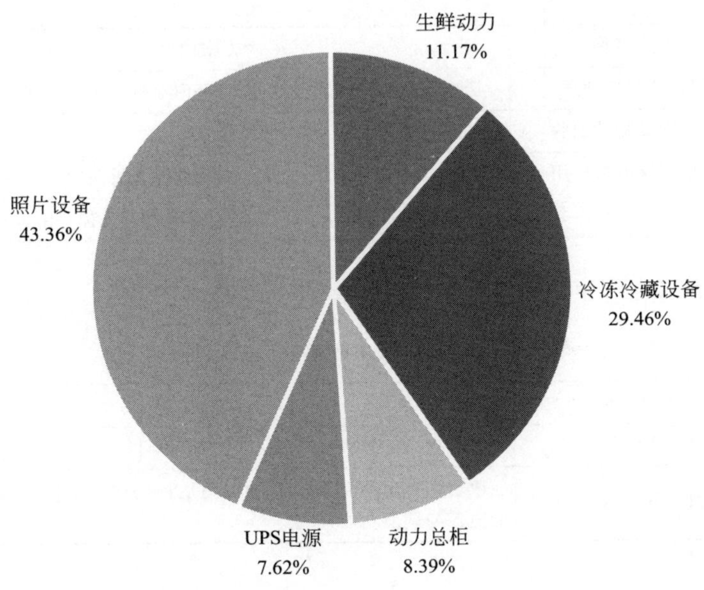

图 7-16　D 店卖场内各设备电力消耗占比图

7.3.4　审核方案的产生与筛选

部分清洁生产方案如表 7-18 所列。

表 7-18　部分清洁生产方案

序号	方案名称	方案内容
1	减少冻货解冻用水	冻货尽量自然解冻，减少冲水量
2	减少撕裂袋的使用量	为了节省撕裂袋的使用，减少污染，肉品展示柜配置充足的夹子，放在顾客触手可及的位置
3	LED 照明改造	将卖场内 28W 的 T5 灯管更换为 18W 的 LED 灯，共改造 53955 根
4	面包房避开峰值用电	将面包设备用电避开峰值时间段
5	电烤炉预热时间调整	规划电烤炉使用时间集中
6	增加二次隔油池	在每个清洗池下水增加二次隔油池
7	生鲜库房照明节能	在生鲜库房安装定时器，按照工作时间及天气变化合理开启或关闭
8	提高空调出水温度	夏季冷冻水水温由最高 12℃调至 14℃
9	加装照明灯具感应开关	安全通道里的照明设备的开关是否可改为感应式开关
10	办公用品的合理使用	废弃墨盒、硒鼓单独存放，定期清理

续表

序号	方案名称	方案内容
11	打印纸二次使用	店内办公区打印用纸较多,各部门对打印用纸二次使用
12	卖场固废物的回收	加强卖场内纸盒、塑料的回收
13	合理安排电梯使用	货运电梯专人值守,禁止空载及无货人员使用
14	控制卖场射灯开启数量	将卖场射灯密集区域上方的灯分时间段关掉一部分

本轮清洁生产审核中/高费方案如表7-19所列。

表7-19 本轮清洁生产审核中/高费方案

序号	方案名称	方案简介
1	更换LED节能灯	将超市内的照明灯具改为LED节能灯
2	管理系统功能升级	改造现有超市能源控制系统,对店内的照明系统、冷冻冷藏系统的监控与调节功能升级

7.3.5 中/高费方案可行性分析

7.3.5.1 更换LED节能灯

(1) 方案概述

本项目将店内T5灯管更换为LED灯具。经统计,共计改造灯具53955根。

(2) 技术可行性

LED光源技术作为新一代节能光源,相比普通节能灯具有优势,如LED光源不含重金属汞、使用低压电源、高光效、低功耗、适用性强、寿命长、响应时间短等。

(3) 环境可行性

LED灯不含铅、汞等污染元素,对环境没有任何污染,且此方案实施后,具有良好的节电效果,间接减少了发电对环境产生的不利影响,具有一定的环境效益。

(4) 经济可行性

本项目总投资551.53万元,项目实施后年节电206.78万千瓦时,每年节约电费206.78万元。投资偿还期3.2年,净现值677.53万元,内部收益率 49％。

7.3.5.2　超市能源控制系统改造方案

（1）方案概述

超市能源管理系统可以为超市提供智能自动控制，随时了解店内设备的运行状况，对姚家园店、鲁谷店、望京店及广渠门店中原有能源管理系统进行改造升级。

（2）技术可行性

系统可同时对冷冻冷藏系统和灯光照明系统进行实时监控，根据超市内部的负荷自行调节设备的运行状态。系统可同时负责对 5 个机组（每个机组最多 40 个制冷回路）、30 个灯光系统的统筹管理。

（3）环境可行性

四家分店总年耗电量 1190.54 万千瓦时，按冷冻冷藏系统和照明系统耗电量占总耗电量 60％计，耗电量 714.33 万千瓦时。按照采用该系统可实现年节电 10％计算，年节电 71.33 万千瓦时。

（4）经济可行性

该项目总投资 153 万元，项目改造完成后每年可节约电量 71.43 万千瓦时，每年可节约电费约 71.43 万元。投资偿还期 2.62 年，净现值 262.01 万元，内部收益率 71％。

7.3.6　持续清洁生产

企业通过开展清洁生产审核，制订了持续清洁生产计划，主要包括：

① 进一步宣传清洁生产的重要性，制订具体的活动计划；

② 持续挖掘清洁生产潜力；

③ 继续征集合理化建议；

④ 督促按计划淘汰高耗能电机；

⑤ 定期开展清洁生产专题知识讲座，宣传清洁生产理念，培训企业内审员。

第8章 商业零售行业清洁生产组织模式和促进机制

8.1 清洁生产组织模式

8.1.1 借鉴低碳商业零售行业经营行动方式，推动零售业清洁生产的理念和行动

低碳零售经营理念的产生源于2005年英国的乐购超市提出的建设低碳超市，从此世界各国的零售企业都开始初步探索低碳零售业的经营模式。2009年，沃尔玛也在中国提出低碳超市的概念，并开始大胆地开店试验，开店试验的过程中摸索了低碳零售的策略，主要通过强化内部责任管理和供应链管理的方式来实现低碳发展，沃尔玛建立了可持续发展价值网络将企业各部门连接起来，一方面更好地实现节能减排的目标；另一方面定期召开可持续发展价值网络会议，就节能减排计划进行集中讨论和总结，及时发现并纠正低碳发展过程中存在的问题。与此同时，沃尔玛2010年4月正式要求供应商在其产品上注明“碳足迹”、水消耗量及空气污染指数，通过其与上游供应商间的合作联盟关系，推动和督促供应商控制生产过程中的碳排放，并对消费者实现以环保为主题的各种社区教育，引导消费者参与低碳零售的节能减排计划和活动。

在低碳零售方面进行大胆尝试的还有特易购和百安居等，这些外资企业的

各种尝试都取得了较明显的成效，但是也存在着明显的问题，集中表现为理念和行动分化，导致这些尝试的可持续性受到影响，成果难以推广和广泛学习。

因此，商业零售行业清洁生产的经营方式应借鉴低碳零售业经营的经验教训，使理念支撑行动，行动与策略深化理念。理念与行动二位一体，构建零售业清洁生产经营的轴线，使低清洁生产的策略逐步形成一种可以推广的模式，进而降低零售业经营成本，提高零售业经营效率，从根源上节能减排，为清洁生产化的经营打下坚实的基础。

8.1.2　商业零售行业清洁生产经营的思路应一体化

在近几年的探索中，零售业清洁生产经营的措施缺乏系统的考虑和设计，如某国外购物商场清洁生产化经营中，商场与商品供应商之间进行合作，协助供应商发现并消除供应链中存在的能耗排放热点，从而达到降低供应链能源排放水平的目的。同时，通过贴标签等方式鼓励供应商采取相应的节能减排措施；在自身经营环节，该商场通过优化货物配送体系提高货运车辆使用效率，降低了物流中的能源排放，并应用热电联产、光伏材料以及地热泵等新兴技术扩大了对可再生能源的利用。这些措施的使用降低了零售业的能源消耗，但是却难以成为一种长期的可持续的措施被复制，缺乏系统的关联性。而国内零售业也采取了一些措施推行零售业清洁生产经营，如政府的“限塑令”、照明设施的升级换代、环保包装、尽量推进节电设备等。这些措施缺乏系统性和综合节能意识，因此零售业清洁生产要想真正做到节能减排，并能长期坚持下去，必须选择可持续的系统性的措施。

8.1.3　零售业清洁生产经营在一定时期内需要政府专项政策支持和资金支持

北京市零售企业清洁生产还处于起步阶段，清洁生产推广中的首要问题是企业组织动力不足。企业参加清洁生产审核的热情不高，虽然已经参加了清洁生产审核的企业组织普遍获得明显的环境效益和经济效益，但仍缺乏积极性，很难找到主动要求实施清洁生产审核的企业组织。其次，表现在清洁生产审核的成果持续性差。部分企业主要依靠无/低费方案取得清洁生产审核成果，在清洁生产审核时将无/低费方案作为首选，采取各种措施加以实施。

随着市场的不断低迷，北京市零售业竞争愈发激烈，零售业经营环境恶化，企业之间的不正当竞争普遍化，并形成了以“收费”和租金为主要利润的畸形盈利模式。再加上零售企业与供应商的紧张关系，使得零售商的资金链和外部环境呈现“双紧”。门店系统的节能减排设备耗资大，成本回收难，且回收的期限较长，因此采用节能减排设备实现清洁生产经营，对于零售企业来说是一种加大经营风险和资金风险的措施，实施清洁生产的仅仅是少数企业组织，在绝大多数企业组织没有实施清洁生产的情况下，清洁生产无法与企业市场销售挂钩，实施清洁生产的企业组织觉得成本要增加，是吃亏的行为，而已经实施清洁生产的企业普遍看不到清洁生产对自身的好处。因此，大量的零售企业不愿意进行设备改造和清洁生产经营。

针对这些情况，政府可以市场运作为主要方式来推广清洁生产。

（1）让企业组织在清洁生产中受益

要推动零售业节能减排，实现清洁生产化经营，政府必须出台相应的专项扶持措施，以支持零售业实现清洁生产化经营，同时给予相应的资金扶持。否则零售业在清洁生产经营的进程中将会处于被动局面，影响北京市商业零售行业清洁生产的推广。

目前北京市已通过制定优惠政策和提供经费支持，对进行清洁生产的企业组织补贴。但是，仍然存在企业组织清洁生产审核积极性低和审核效果不能持久的问题。

此外，政府方面应正视企业组织的需求，采取调动企业组织的积极性的措施。对此，政府最直接的手段就是将清洁生产与企业组织的产品销售、资金获得和环境形象等挂钩。如果政府优先采购经过清洁生产审核企业的产品，必将在很大程度上调动组织的积极性，形成清洁生产市场。

另外，企业组织方面可从自身需求出发，在生产、服务中哪个环节可以增加效益，就在哪个环节上做文章。清洁生产的主体是企业组织。要使企业组织自愿参加清洁生产，就得使企业组织在清洁生产中受益，企业才有继续实施清洁生产的积极性。这就要求正视企业组织需求，让投入主体成为受益主体。

企业组织的需求是什么？企业组织以盈利最大化为目的，产品必然以市场销售为目标。但是目前的清洁生产审核给企业组织带来的主要是环境效益，这些效益没有直接与企业组织的市场和销售相联系，必然影响企业组织的积极性。因此，要有效推动清洁生产，首要的是从企业组织内在需求出发，直接与企业组织的市场和销售相联系，激活、提高、加速和扩大企业组织的投资愿望，调动企业组织的积极性。

(2) 以服务业鲜明的特点为依据，全面推行清洁生产

服务业最大的特点就是：每一个被服务者都希望自己感受到的每一个环节均采用清洁服务。因此，政府可利用这一特点在服务业大力发展清洁生产，以提高企业形象为最大优势，来促进企业进行清洁生产。同时也应通过宣传等方式提高消费者的质量意识，从而可以监督服务企业，发现问题后及时向有关部门反映情况，取得政府部门的支持。

8.2　清洁生产审核管理机制

(1) 完善的清洁生产技术咨询服务进入与退出机制

清洁生产技术咨询服务体系是一个以提供信息、技术以及人力资源支持服务为目的，活动范围十分广泛的综合系统，涉及清洁生产知识宣贯、信息收集与发布、清洁生产技术研究开发及推广、清洁生产审核和清洁产品评估、ISO 14000 环境管理标准实施咨询认证等多个环节。随着清洁生产审核企业数量的增加，清洁生产审核重报告轻实效的现象较为普遍。部分地方对清洁生产审核咨询服务市场监管不到位，极少数机构间存在恶性竞争、低价竞争、转包等行为。

(2) 基于市场需求，调控清洁生产咨询公司数量

一定数量的清洁生产咨询公司是实施清洁生产审核的一个基本条件。但是如果不对清洁生产咨询公司数量加以调控，可能会发生咨询公司数量过多、质量参差不齐的现象，减缓清洁生产的推进。

(3) 环保政府部门对审核实施单位和清洁生产咨询公司加强监管

完整的企业清洁生产审核由审核过程、审核评估、持续清洁生产三部分组成。在公布审核企业名单时，可以适当地分批次公布，同时鼓励不同的咨询公司进入相同或者类似行业企业，为后期对咨询公司工作质量考核比对提供条件。

审核评估工作是企业开展清洁生产活动承上启下的重要一环，在本阶段，以往一些地方验收过程中经常过分强调咨询机构对清洁生产审核报告编制的作用，对企业重视及清洁生产思想接受强调不够，结果是咨询机构成了被验收的主体，作为真正主体的企业没有任何压力。这样的验收工作不仅给企业留下了清洁生产审核只是纸上谈兵、编制报告的印象，也易造成企业对清洁生产审核的轻视和审核过程中弄虚作假，致使一些地方清洁生产审核工作流于形式。因此，政府应该明确企业的主体地位，同时对咨询公司服务结果进行严格监管，强化淘汰机制显得尤为重要。

针对淘汰机制的建设，有些省市的做法值得借鉴。例如：安徽省规定咨询公司提供咨询服务的企业一年内有两个不通过，咨询公司要停业一年；合肥市规定，咨询公司提供咨询服务的企业一年内一个项目不通过，咨询公司一年内禁止进入合肥市场。

8.3 清洁生产审核评估

(1) 保证充足的审核时间

当前部分企业将强制性清洁生产审核当作一项主管部门分派的任务，甚至为了审核通过而编凑报告。实际上，认真开展一轮清洁生产审核，必须要有相当充足的时间来完成预审核、审核和方案的实施。因此，为了保证审核质量，应根据企业实际情况，对企业实施清洁生产审核过程的最短时间进行限定。

(2) 提高清洁生产方案技术含量

对于一轮完整的清洁生产审核而言，应该秉承清洁生产的理念，革新生产工艺，优化生产过程，加强科学管理，从源头减少污染物的产生。当前部分企业清洁生产审核方案中末端控制类方案所占比重过大，没有真正地体现出清洁生产的“源削减”理念。因此，应在评估验收过程中加强清洁生产审核技术方案的考察，各类清洁生产方案应以有毒有害原辅材料被替代且工艺、设备和过程控制改进为主，采用新技术、新工艺、新材料和新设备，实现企业的技术进步。

(3) 加强对持续清洁生产审核的管理

企业应加强持续清洁生产管理，保持清洁生产审核成果。这指应将清洁生产审核的成果通过环境管理固定下来，达到污染物减排的目的。

8.4　清洁生产绩效验收

按照目前的管理规定，企业清洁生产审核的评估和验收分步进行。由于验收工作主要是对中/高费方案实施情况和效果进行验证，而实施中/高费方案需要一个相对较长的过程，尤其是对于两年一轮、三年一轮审核周期的企业来说，验收拖延的时间较长，有的可能会超出一个审核周期。如果把验收的内容合并到下一轮审核评估中进行，既能够达到监督的目的，又简化了程序，减少了企业负担。

8.5　清洁生产鼓励政策及约束机制

目前，北京为了全面推动清洁生产促进工作，采取了许多的政策支持，具体内容如下。

8.5.1　鼓励政策

（1）激励政策

实施清洁生产审核并通过审核评估的单位，可以享受审核费用补助和清洁生产项目支持。鼓励列入强制性审核名单的单位提前开展清洁生产审核，对提前 1 年以上（含 1 年）开展的，将按照自愿性清洁生产审核补助标准享受审核费用补助。

（2）贴补机制

贴补分为审核补助和项目补贴两类。

审核补助：对实施清洁生产审核并通过评估的单位，给予审核费用补助，最高补助额度不超过 15 万元。

项目补贴：市发改委、市财政局对实施单位审核中提出的中/高费项目给予资金支持，单个项目补助标准原则上不超过 30%，总投资大于 3000 万元的中/高费项目原则上应纳入政府固定资产投资计划，单个项目补助金额最高不超过 2000 万元。

8.5.2 约束政策

（1）强制政策

北京市每年依据年度工作重点，发布清洁生产审核实施单位名单，包括强制性审核和自愿性审核。

2017年前，北京市在制药、汽配、化工等行业推行了202家企业清洁生产审核。

（2）约束机制

对不实施强制性清洁生产审核或者在清洁生产审核中弄虚作假的，或者实施强制性清洁生产审核的企业不报告或者不如实报告审核结果的，由发改委、环境保护部门按照职责分工责令限期改正；对拒不改正的，将按规定予以处理。对未按规定时限提出清洁生产绩效验收申请或绩效验收未通过的实施单位，收回政府清洁生产项目补助资金。

8.5.3 国内外先进经验借鉴

8.5.3.1 充分利用舆论监督宣传作用进行约束

各个国家都很重视舆论宣传的引导作用，提高企业与公民的参与意识。例如：日本政府有设立“循环日”“循环月”等活动，以提高认识。其他国家也充分发挥舆论对环保行为的报道，通过节能技术的推荐来提高认识，起到舆论约束的作用。

8.5.3.2 充分利用相关社会团体进行激励和约束

（1）负责废物回收

欧美非营利性组织经营废品回收，由行业协会与大包装公司联合组成。运作资金由会员单位缴纳会费和回收费，当年盈余返回给企业，或用来资助相关的研究工作。尤其是德国的行业协会在资源回收利用方面起到了很重要的作用。

（2）协助政府立法

日本、德国的行业协会都有很强的组织力量，他们自行筹集资金，研究相关的课题，协助政府立法，起到了很强的督促作用。对企业主要是通过立法来影响企业行为，所以企业一般都常与行业协会保持紧密的联系，及时掌握动态以利于自己企业的发展。

(3) 自愿制定行业标准

行业协会制定的行业标准往往高于国家的相关标准，制定标准后对能够达到标准的企业进行奖励，对评价行业内企业促进标准的落实起到了重要作用。

(4) 开展宣传和教育

各种社团经常组织各种宣传教育活动，往往是以知识讲座形式帮助企业和社会公众认识到节约资源的重要性，同时也对一些节能知识进行普及，提高公众的意识，增强他们关注环保、节约资源的意识，让公众来监督企业遵守相关的法规与制度。

参考文献

[1] 杨永杰．环境保护与清洁生产［M］．北京：化学工业出版社，1996.

[2] 张天柱,中国清洁生产的十年［J］．产业与环境，2003（增刊）：21-26.

[3] 车卉淳．可持续发展框架下的清洁生产问题分析［J］．物流经济，2007，11：52-53.

[4] 宋永欣．清洁生产、循环经济与可持续发展［J］．中国资源综合利用，2008（4）：19-21.

[5] 周耀东．清洁生产、节能减排是企业可持续发展必由之路［J］．环境科学，2008，37（2）：60-62.

[6] 郑可．清洁生产是实施可持续发展战略的主要环节［J］．现代制造技术与装备，2008（2）：4-5.

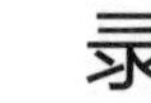

附录 行业政策类和技术类文件

1 政策类文件

1.1 《建设部关于发布〈城市中水设施管理暂行办法〉的通知》

《建设部关于发布〈城市中水设施管理暂行办法〉的通知》（1995 年 12 月 8 日建城字第 713 号文）部分规定如下：

中水主要用于厕所冲洗、绿地和树木浇灌、道路清洁、车辆冲洗、基建施工、喷水池以及可以接受其水质标准的其他用水。

中水设施建设根据建筑面积和中水回用水量（中水设施建设规模）规定，具体办法由县级以上地方人民政府规定。但应当符合以下要求：

（一）宾（旅）馆、饭店、商店、公寓、综合性服务楼及高层住宅等建筑的建筑面积在 2 万平方米以上。

（二）机关、科研单位、大专院校和大型综合性文化、体育设施的建筑面积在 3 万平方米以上。

（三）住宅小区规划人口在 3 万元以上（或中水回用量在 750 立方米/日以上）。

中水设施由建设单位负责建设，其建设投资应当纳入主体工程总概算，并与主体工程同时设计、同时施工、同时交付使用。

中水设施应当按批准的设计方案与主体工程同步建设、同步竣工，中水设施工程竣工后，城市建设行政主管部门应当会同有关部门，组织竣工验收。验收合格后方可投入使用。验收不合格的，供水部门可以不予供水。

1.2　《关于加强建设工程用地内雨水资源利用的暂行规定》

《关于加强建设工程用地内雨水资源利用的暂行规定》（市规发〔2003〕258号）部分规定如下。

雨水利用应因地制宜，工程一般采用就地入渗和储存利用等方式。

（一）如果地面硬化利用类型为建筑物屋顶，其雨水应集中引入地面透水区域，如绿地、透水路面等进行蓄渗回灌或者引入储水设施蓄存利用。

（二）如果地面硬化利用类型为建设工程的庭院、广场、停车场及人行道、步行街、自行车道等，应首先按照建设标准选用透水材料铺装，或建设汇流设施将雨水引入透水区域蓄渗回灌或引入储水设施蓄存利用。

（三）如果地面硬化利用类型为城市主干道、交通主干道等基础设施，其路面雨水应结合沿线的绿化灌溉，设计建设雨水利用设施。

建设工程的附属设施应与雨水利用工程相结合。景观水池应设计建设为雨水储存设施，草坪绿地应设计建设为雨水滞留设施。

用于滞留雨水的绿地须低于周围地面，但与地面高差最大不应超过20厘米。

雨水利用工程应与主体建设工程同时设计、同时施工、同时投入使用，其建设费用可纳入基本建设投资预、决算。

1.3　《商务部关于开展“零售业节能行动”的通知》

《商务部关于开展“零售业节能行动”的通知》（商改发〔2007〕199号）要求，要重点抓好营业面积在10000平方米以上的大型超市、百货店、专业店的节能降耗。为发挥示范带动作用，将北京、天津、上海、重庆、太原、沈阳、青岛、武汉、广州、西安10个城市作为试点。通过建立能耗统计指标体系、做好企业能耗评价工作、加强交流与培训等措施，从开展节能技术改造、加强能耗管理、开展建筑节能和开展抑制过度包装等方面全面推进零售业节能降耗工作。

1.4 《北京市商务局北京市发展和改革委员会关于严格控制本市商场超市室内空调温度的通告》

《北京市商务局北京市发展和改革委员会关于严格控制本市商场超市室内空调温度的通告》(京商秩字〔2007〕17号)规定：严格控制商场超市室内温度，夏季室内空调温度不低于26摄氏度，冬季室内供暖温度不高于20摄氏度。完善能源计量统计制度，逐步实现能源分类计量，对耗能大户进行重点监察。同时，大力推进节能技术进步，在商场超市推广使用绿色照明、节能灯具、空调通风系统智能控制、变频调速等节能技术与产品。

1.5 《北京市商场超市节能改造资金管理实施办法》

对本市9家营业面积10000平方米以上的商场、营业面积2000平方米以上的超市开展的节能改造项目给予资金支持。推广合同能源管理机制、继续开展商场超市节能改造专项资金支持项目。

1.6 《商业服务业节能改造指导目录》(京商秩字[2009]4号)

主要涉及零售业、餐饮业、生活服务业三个行业。提出了包括监测系统、制冷与空调系统、供热系统、照明系统、电梯系统、供电系统、给排水系统、燃气系统、围护结构等方面57个项目内容及应用技术。

1.7 北京市商务委部署商业零售行业节能减排工作

为贯彻落实国务院和北京市节能减排会议精神，加强流通服务业节能减排，市商务委下发通知，部署商业零售行业节能减排工作。

(1) 严格节能标准，加强温度监测，夏季室内空调温度不低于26摄氏度。

(2) 开展分项计量、能源审计，开展合同能源管理试点工作。

(3) 大力推广使用空调系统智能控制、变频调速等节能技术和节能灯具等产品，扩大绿色照明产品推广应用范围。

(4) 倡导绿色消费，推动节能环保产品进超市、上专柜；继续开展限制

“过度包装”“绿色北京，限塑活动”等。

(5) 加大监督检查力度，依法开展节能监察和执法。

(6) 广泛开展节能减排宣传教育活动。

1.8　《关于进一步做好商业零售企业节能减排有关工作的通知》（京商秩字［2010］6号）

为贯彻落实国务院《关于进一步加大工作力度确保实现“十一五”节能减排目标的通知》（国发〔2010〕12号）和北京市电视电话会议精神，加强流通服务业节能减排，各单位、各商业零售企业要采取有效措施，积极开展节能降耗工作，特别是进入“空调季”后，要进一步控制室内温度，节约用能。

号召各商业零售企业积极开展节能降耗工作，特别是进入“空调季”后，要进一步控制室内温度，室内空调温度设置不低于26摄氏度。同时，要积极开展节能技术改造，采用节能设备，运用节能技术，提高用能水平。

2　技术类文件

2.1　《公共建筑节能设计标准》

《公共建筑节能设计标准》（GB 50189）部分内容如下：电机驱动压缩机的蒸气压缩循环冷水（热泵）机组，在额定制冷工况和规定条件下，性能系数（COP）不应低于附表1的规定。

附表1　冷水（热泵）机组制冷性能系数

类型		额定制冷量/kW	性能系数/(W/W)
水冷	活塞式/涡旋式	<528	3.8
		528～1163	4.0
		>1163	4.2
	螺杆式	<528	4.10
		528～1163	4.30
		>1163	4.60
	离心式	<528	4.40
		528～1163	4.70
		>1163	5.10

续表

类型		额定制冷量/kW	性能系数/(W/W)
风冷或蒸发冷却	活塞式/涡旋式	≤50	2.40
		>50	2.60
	螺杆式	≤50	2.60
		>50	2.80

GB 50189 第 5.4.8 节内容如下：名义制冷量大于 7100W、采用电机驱动压缩机的单元式空气调节机、风管送风式和屋顶式空气调节机组时，在名义制冷工况和规定条件下，其能效比（EER）不应低于附表 2 的规定。

附表 2　单元式机组能效比

类型		能效比/(W/W)
风冷式	不接风管	2.60
	接风管	2.30
水冷式	不接风管	3.00
	接风管	2.70

GB 50189 第 5.4.9 节内容如下：蒸汽、热水型溴化锂吸收式冷水机组及直燃型溴化锂吸收式冷（温）水机组应选用能量调节装置灵敏、可靠的机型，在名义工况下的性能参数应符合附表 3 的规定。

附表 3　溴化锂吸收式机组性能参数

机型	名义工况			性能参数		
	冷(温)水进/出口温度/℃	冷却水进/出口温度/℃	蒸汽压力/MPa	单位制冷量蒸汽耗量/[kg/(kW·h)]	性能系数/(W/W) 制冷	性能系数/(W/W) 供热
蒸汽双效	18/13	30/35	0.25	≤1.40		
	12/7		0.4			
			0.6	≤1.31		
			0.8	≤1.28		
直燃	供冷 12/7	30/35			≥1.10	
	供热出口 60					≥0.90

注：直燃机的性能系数=制冷量（供热量）/[加热源消耗量（以低位热值计）+电力消耗量（折算成一次能）]。

GB 50189 第 5.4.3 节内容如下：锅炉的额定热效率应符合附表 4 的规定。

附表 4 锅炉额定热效率

锅炉类型	热效率/%	锅炉类型	热效率/%
燃煤（Ⅱ类烟煤）蒸汽、热水锅炉	78	燃油、燃气蒸汽、热水锅炉	89

2.2 《商场、超市能源消耗限额》

《商场、超市能源消耗限额》（DB11/T 1159）部分内容如下：现有商场、超市及专业店单位面积实际电耗不应超过电耗限额限定值。新建和改扩建的商场、超市及专业店单位面积实际电耗不应超过电耗限额准入值。商场、超市及专业店宜通过节能技术改造和加强节能管理，使单位面积实际电耗达到电耗限额先进值。电耗限额基础值取值表见附表 5。

附表 5 电耗限额基础值取值表 单位：$kW \cdot h/m^2$

分项名称	电耗限额基础值		
	商场	超市	专业店
限定值	275.00	95.00	114.00
准入值	245.00	87.00	104.00
先进值	174.00	60.00	75.00

现有商场、超市及专业店单位面积实际能耗不应超过综合能耗限额限定值。新建和改扩建的商场、超市及专业店单位面积实际能耗不应超过综合能耗限额准入值。商场、超市及专业店宜通过节能技术改造和加强节能管理，使单位面积实际能耗达到综合能耗限额先进值。综合能耗（以标煤计）限额基础值取值表见附表 6。

附表 6 综合能耗（以标煤计）限额基础值取值表 单位：kg/m^2

分项限额名称	电耗限额基础值		
	商场	超市	专业店
限定值	45.00	13.00	14.00
准入值	41.00	12.00	13.00
先进值	31.20	8.50	9.50

2.3 《商场、超市合理用能指南》

《商场、超市合理用能指南》(DB11/T 1160)部分内容如下：

用能设备的采购应选择高效节能的产品，宜优先选用有环保资质企业的产品和通过中国节能产品认证的产品，对纳入国家能源效率标志的用电设备按相关标准执行。

应采用节水型器具、器材及配件。公共卫生间宜采用红外感应水嘴；小便器宜采用感应式冲洗阀；大便器宜采用延时自闭脚踏（或感应）式冲洗阀。

应考虑雨水回收利用，有条件可设置雨水收集蓄水池，用于园林绿化、花草种植及道路除尘等。

设置生活热水系统的商场和超市，应对系统中的管道、阀门、设备等的外壳均做保温处理。

商场、超市内设置开水器时应采用节能型开水器。

对于新建及改造的商场和超市，应考虑供暖、空调房间或空调区域内随客流逐时变化的热负荷和冷负荷，根据其变化规律选择合适的冷热源设备。冷热源设备应满足 DB 11/938 规定的控制项和一般项要求。

在额定制冷工况和规定条件下，冷水机组的选择应符合 DB11/ 687—2009 的有关规定。

冷却塔应选用高效冷却塔，采用双速配置。

热水管道、空调管道应采取保温措施，并符合 DB11/ 687 的有关规定。

采用散热器供暖时，系统管道宜采用双管式，对于采用单管式供暖系统的商场和超市宜在进出水支管之间设置跨越管。

新风机组应选择可以灵活控制的设备，根据客流量实时调整新风量，降低新风负荷，但不应低于 GB 50736 规定的人均最小新风量。

应提高房间蓄热量，降低值班供暖能耗。

对归属不同的单位使用的区域，应分别设置冷量与热量计量。计量设置应满足 GB/T 1798 对冷热计量的要求。

在营业范围内耗能区域张贴“节约用水”“节约用电”的标志标语。

室内无人时，灯具、电脑保持关闭状态。最后离开办公室的人员随手关闭电源。

室内如有损坏的水龙头、冲水设备及洗涤设备等，应及时报修，严防

“跑、冒、滴、漏”的现象发生。

制冷系统运行期间，后勤服务人员应使冷冻水和冷却水泵开启台数与开启制冷机数量相等，或按设计要求，在制冷机开启时只开启相应的冷冻泵和冷却泵。

对中央空调末端温度进行调节，夏季不应低于 26℃，冬季不应高于 22℃。

根据客流量控制展示区电视机、空调等电器开启数量和时间。

2.4 《建筑照明设计标准》

《建筑照明设计标准》(GB/T 50034) 部分内容如下。

商业建筑照明标准值应符合附表 7 的规定。

附表 7 商业建筑照明标准值

房间或场所	参考平面及其高度	照度标准值/lx	UGR	Ra
一般商业营业厅	0.75m 水平面	300	22	80
高档商业营业厅	0.75m 水平面	500	22	80
一般超市营业厅	0.75m 水平面	300	22	80
高档超市营业厅	0.75m 水平面	500	22	80
收款台	台面	500	—	80

商业建筑照明功率密度值不应大于附表 8 的规定。当房间或场所的照度值高于或低于附表 8 规定的对应照度值时，其照明功率密度值应按比例提高或折减。

附表 8 商业建筑照明功率密度值

房间或场所	照明功率密度/(W/m²)		对应照度值/lx
	现行值	目标值	
一般商店营业厅	12	10	300
高档商店营业厅	19	16	500
一般超市营业厅	13	11	300
高档超市营业厅	20	17	500

2.5 《公共生活取水定额 第 8 部分：商场》

《公共生活取水定额 第 8 部分：商场》(DB11/ 554.8—2015) 部分内

容如下。

商场取水定额见附表 9。

附表 9　商场单位营业面积取水定额值

类型	营业面积/m^2	取水定额值/[m^3/(m^2·a)]
百货零售	<5000	1.4
	5000～20000	1.9
	>20000	2.5
超级市场零售	<800	1.5
	800～6000	2.0
	>6000	2.5

完善健全的计量系统，应符合 GB/T 12452、GB 24789，有完善的计量器具台账、用水计量台账和计量管理制度；一级水表计量率达到 100%，二级水表计量率达到 90%。

节水器具应符合 CJ 164，安装率应达到 100%。

2.6　《绿色商场》

《绿色商场》(SB/T 11135—2015) 部分内容见附表 10～附表 13。

附表 10　单位营业面积综合能耗量　单位：kW·h/(m^2·a)

购物中心	百货商场	大型超市	超市	专业店
230	320	280	200	80

附表 11　单位营业面积耗水量　单位：m^3/(m^2·a)

购物中心	百货商场	大型超市	超市	专业店
2.5	1.7	2.2	1.7	0.8

附表 12　万元营业额综合能耗量　单位：kW·h/万元

购物中心	百货商场	大型超市	超市	专业店
180	135	150	130	70

附表 13　万元营业额耗水量　单位：m^3/万元

购物中心	百货商场	大型超市	超市	专业店
2.3	1.1	2.5	1.8	2.0